Zwölf Tore zum Himmel

Hiltrud Kier (Hrsg.)
Sybille Fraquelli

KINDER ENTDECKEN: DIE ROMANISCHEN KIRCHEN IN KÖLN

Unterwegs mit
Stadtmagazin für Familien in KölnBonn

W0191529

J.P. BACHEM VERLAG

Entdecker Touren

Wir danken dem Förderverein Romanische Kirchen e. V.
für die freundliche Unterstützung bei der Drucklegung
dieses Werkes.

Bildnachweis:

Cover, S. 11, 13, 15, 17, 20, 22 u., 24, 26, 29, 31, 36, 37,
39, 43, 48, 50 o., 54 o., 56, 59, 60: Hans Georg Esch;
S. 4, 5, 9, 10, 14, 19 o., 22 o., 25 o., 28, 30, 33 u., 35, 38,
40, 41, 42, 44, 45 u., 46, 50 u., 54 u., 57: Sybille Fraquelli;
S. 6, 7, 8, 16, 18, 47: Julietta Kaballo;
S. 12, 27, 52, 58: Rheinisches Bildarchiv;
S. 19 u., 21, 23, 33 o., 34, 49: Verlagsarchiv;
Rekonstruktion S. 25 u.: nach Ottmar Schwab 2002,
Verlagsarchiv;
S. 32, 51, 55: Celia Körber-Leupold;
Grundrisse S. 45 o., 53: nach Greta Wolff.

Bibliografische Information Der Deutschen Bibliothek
Die Deutsche Bibliothek verzeichnet diese Publikation in der
Deutschen Nationalbibliografie; detaillierte bibliografische
Daten sind im Internet über
http://dnb.ddb.de abrufbar.

Umschlagabbildung:
Der beeindruckende Westbau der
romanischen Kirche St. Pantaleon. Hier wurde vor über
tausend Jahren eine große
Kaiserin beerdigt.

Bild rechts:
Ein Blick vom Westchor von
St. Georg Richtung Osten zum
Altar. Im Vordergrund steht der
romanische Taufstein.

1. Auflage 2007

© J. P. Bachem Verlag, Köln 2007
Redaktion und Lektorat: Martina Dammrat, Köln
Einbandgestaltung und Layout: Heike Unger, Berlin
Reproduktionen: Reprowerkstatt Wargalla GmbH, Köln
Druck: Grafisches Centrum Cuno, Calbe
Printed in Germany
ISBN 978-3-7616-2148-6
www.bachem.de

In Kooperation mit dem Känguru Colonia Verlag
www.kaenguru-online.de

Inhalt

Köln und seine romanischen Kirchen

Zu einer romanischen Kirche gehören viele steinerne Verzierungen. Vor allem runde Bögen tauchen dabei immer wieder auf.

Wenn ihr heute Leute fragt, wofür Köln berühmt ist, dann antworten viele: „Na, für den Kölner Dom!" Manche sagen vielleicht auch: „Für den Karneval!" oder „Für das Kölsch!" Könntet ihr aber eine Zeitreise ins Mittelalter machen und die Menschen im alten Köln fragen, dann würden diese sicherlich antworten: „Für die vielen schönen Kirchen natürlich!" Denn schon damals waren sie der Glanz und der Ruhm der Stadt!

Was ist eigentlich „Romanik"?

Im Mittelalter, genauer zwischen den Jahren 1000 und 1250 nach Christus, entstanden zur Ehre Gottes und der Heiligen in Köln besonders prächtige und bedeutende Kirchen. Die Kunstwerke dieser Zeit nennen wir die „romanische" Kunst, der Kunststil heißt „Romanik". In ganz Europa haben damals Künstler Werke geschaffen, die bestimmte Formen gemeinsam haben. Die Bauleute errichteten zum Beispiel Kirchen mit dicken Steinmauern, hohen und mächtigen Türmen sowie einem steinernen Gewölbe im Inneren. Diese Bauten sehen fast wie Burgen aus! Um das schwere Steingewölbe zu tragen, mussten im Innern Stützen gemauert werden. Die Innen- und Außenwände der Kirchen schmückten die Steinmetze und Bildhauer mit verschiedenen Bogenformen sowie kleinen Galerien, Nischen, Säulen und Ornamenten, manchmal auch mit Figuren. Das Wort „Romanik" haben aber nicht die Menschen des Mittel-

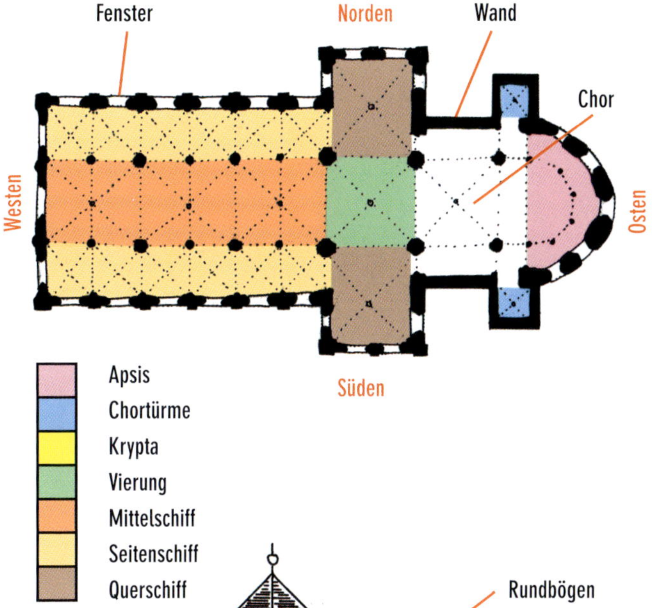

Fenster

Norden

Wand

Chor

Westen

Osten

Süden

Apsis
Chortürme
Krypta
Vierung
Mittelschiff
Seitenschiff
Querschiff

Rundbögen

Arkaden

Rundbogenfenster

Zwerggalerie

Kapitell

Säule

Diese zwei Zeichnungen zeigen, wie eine romanische Kirche aussehen kann und wie die Fachleute die einzelnen Bauteile nennen. Der Grundriss (oben) zeigt einen Schnitt durch die Mauern in ein Meter Höhe.

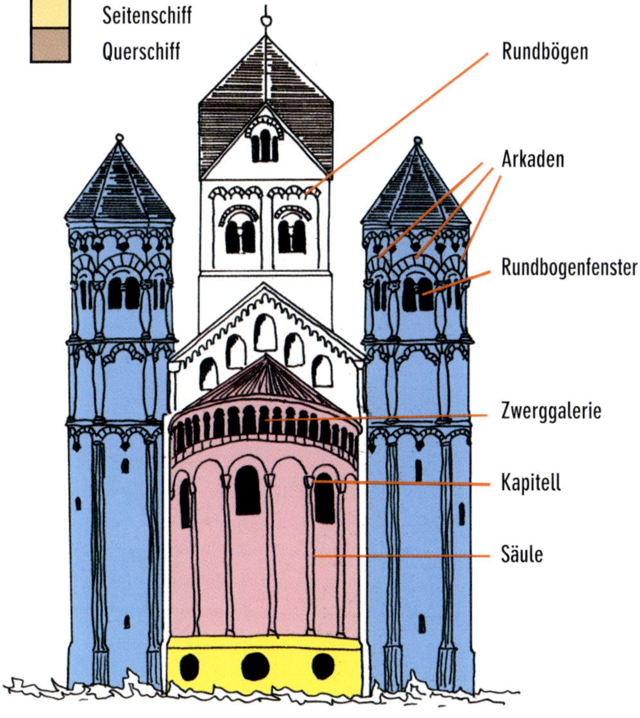

Mit den beiden Zeichnungen könnt ihr euch in jeder romanischen Kirche gut zurechtfinden. Hier seht ihr auch, dass bei den mittelalterlichen Kirchen der Chor im Osten liegt und daher Norden links und Süden rechts ist. Am Ende des Buches findet ihr auch die Erklärungen der Fachbegriffe.

Manchmal weiß man nicht genau, in welchem Jahr etwas geschah oder man möchte einen bestimmten Zeitraum beschreiben und keine Jahreszahl nennen. Daher gibt es die Bezeichnung des Jahrhunderts: Das 10. Jahrhundert dauerte von 900–999, das 11. Jahrhundert von 1000–1099, das 12. Jahrhundert von 1100–1199, das 13. Jahrhundert von 1200–1299 und so weiter. In welchem Jahrhundert leben wir?

alters erfunden, sondern Wissenschaftler vor ungefähr hundertfünfzig Jahren. Sie wollten für solche Kirchen und für andere Kunstwerke aus dieser Zeit einen Namen haben, der deutlich macht, dass damals die Kunst der Römer wieder sehr beliebt war. Aber nicht nur die römischen Bauwerke mit ihren gemauerten Rundbögen und Gewölben (von denen vor tausend Jahren noch viel mehr übrig war als heute!) haben sich die romanischen Künstler zum Vorbild genommen, sondern sich von der Kunst verschiedener anderer Kulturen beeinflussen lassen. Großen Eindruck auf sie machten zum Beispiel auch die Werke der Künstler des östlichen Reiches mit der damaligen Hauptstadt Byzanz (heute Istanbul). Da Bauleute und Bildhauer zu Baustellen in ganz Europa reisten, um dort zu arbeiten, sahen sie viel und bekamen immer wieder neue Ideen.

Versucht einmal den Grundriss einer romanischen Kirche zu zeichnen. Zum Beispiel die Form eines Kleeblattchors, wie hier von St. Aposteln, die ihr im Hintergrund seht.

Der Reichtum der romanischen Stifts- und Klosterkirchen

Viele der romanischen Kirchen von Köln gehörten im Mittelalter zu einem Kloster oder einem Stift. Das Wort „Stift" hat dabei nichts mit Schreiben zu tun, sondern kommt von dem Wort „Stiftung" oder „stiften". Das Wort bedeutet, dass man etwas für einen genau festgelegten Zweck verschenkt. In einem Stift lebten christliche Männer oder Frauen in religiöser Gemeinschaft zusammen. Ihre Aufgabe war das Beten für die Seelen der Verstorbenen. Meistens kamen die Stiftsdamen und -herren aus adeligen Familien und manchmal dienten ihre Brüder als Ritter

dem König. Im Stift herrschten nicht so strenge Regeln und Vorschriften wie für Nonnen und Mönche in einem Kloster. Äbtissin in einem Stift zu sein, war im Mittelalter für unverheiratete Grafen- oder Fürstentöchter übrigens eine gute Lösung: Sie konnten ihren Reichtum behalten, lebten in einem vornehmen Haus mit Dienerschaft und waren sehr selbstständig, fast wie „Managerinnen" in einer großen Firma. Im Mittelalter waren viele Stifte und Klöster in Köln sehr reich. Diesen Reichtum verdankten sie den gläubigen Christen. Diese schenkten nämlich Geld oder Land mit dem Auftrag, dass für sie in der Kirche gebetet und gesungen wird, damit ihre Seele ins Paradies kommt. Ein weiterer Schatz der Kirchen waren und sind Reliquien. Das sind die sterblichen Überreste von Heiligen oder auch Gegenstände, die einmal den Heiligen gehört haben sollen. Reliquien können zum Beispiel die Knochen von Märtyrern sein, also von Frauen, Männern oder Kindern, die für ihren Glauben gestorben sind. Nach Köln kamen sehr viele Gläubige, um die hier aufbewahrten Reliquien zu verehren und in ihrer Nähe zu beten. Schließlich hat die Stadt einen sehr bedeutenden Reliquienschatz, zu denen neben den Gebeinen der Heiligen Drei Könige auch die Reliquien der heiligen Ursula und ihrer Gefährtinnen (S. 56) sowie des heiligen Gereon mit seiner Legion (S. 25) gehören. Die Gläubigen hofften, durch ihre Gebete Vergebung für ihre Sünden (Verstöße gegen die Regeln Gottes) zu finden oder von Krankheiten geheilt zu werden. Oder sie bedankten sich für die Erfüllung eines Wunsches. Wie kostbar die Reliquien für die Gläubigen waren (und sind), könnt ihr heute noch an den mit Gold und Edelsteinen geschmückten Aufbewahrungskästen, den Reliquienschreinen, sehen.

In vielen der romanischen Kirchen befinden sich steinerne Särge (Sarkophage). Den Sarg der Kaiserin Theophanu in St. Pantaleon darf man ganz vorsichtig berühren.

Ein kostbares Erbe

Im Jahr 1794 wurde Köln von den Franzosen erobert und gehörte bis 1814 zu Frankreich. In dieser Zeit wurden alle Stifte und die meisten Klöster geschlossen. Ihr Vermögen und der Landbesitz wurden zu staatlichem Besitz erklärt und verkauft. Die Kloster- und Stiftskirchen aber machte die französische Regierung zu Pfarrkirchen. Das bedeutet, sie gehörten nun den „normalen" Gläubigen, die hier mit ihrem Pfarrer Gottesdienste, Taufen, Hochzeiten und Beerdigungen feiern durften. In der Nachbarschaft der meisten romanischen Kloster- und Stiftskirchen waren nämlich dafür eigene Kirchen gebaut worden. Diese wurden nun aber nicht mehr benötigt und abgebrochen.

So gingen zwar viele Kirchen verloren, die prächtigen Kloster- und Stiftskirchen der Romanik aber blieben erhalten und wurden restauriert. Im Zweiten Weltkrieg (1939–1945) wurden manche von ihnen sehr schwer beschädigt. Es dauerte beinahe fünfzig Jahre, bis alle romanischen Gotteshäuser wieder aufgebaut waren! Heute ist Köln auf der ganzen Welt die einzige Stadt, die innerhalb ihrer mittelalterlichen Grenzen noch so viele romanische Kirchen – nämlich zwölf – von dieser Bedeutung und Größe hat. Sie erzählen von dem Reichtum Kölns im Mittelalter, aber auch von dem Glauben und der Kunst der Menschen in dieser Zeit.

Jetzt aber viel Spaß beim Erforschen der zwölf romanischen Kirchen – am Besten ihr nehmt Eltern, Geschwister, Freunde und Verwandte gleich mit ...

So sieht der Grundriss des Chores von St. Aposteln am Neumarkt aus: wie ein dreiblättriges Kleeblatt.

Wer kennt sie alle?

Diese Zeichnungen zeigen die zwölf romanischen Kirchen von Köln. Findet ihr die Namen heraus? Wer will, kann hier jetzt schon mal sein Wissen testen – oder nach einer Entdecker-Tour den Namen unter das Bild der besuchten Kirche schreiben.

a

b

c

d

---

e

f

g

h

---

i

j

k

l

St. Andreas

D ie Kirche St. Andreas liegt „zu Füßen" des Domes, ihren mehreckigen Mittelturm sieht man schon von Weitem. Der Bau entstand direkt vor der alten römischen Stadtmauer, die im Mittelalter noch gut erhalten war. Diese Mauer verlief parallel zur südlichen Seite der Komödienstraße und der Straße Burgmauer. Hier kann man sich sogar heute noch Reste der Stadtmauer aus der Römerzeit anschauen.

Ein Heiliger zieht um

So einen schlanken, mehreckigen Mittelturm findet ihr in Köln nur bei St. Andreas. Aber es gibt ähnliche noch bei romanischen Kirchen in anderen Städten.

In St. Andreas werden in einem Sarkophag in der Grabkapelle unter der Kirche die Gebeine (Knochen) von einem bedeutenden Heiligen aufbewahrt. Er hieß Albertus Magnus und lebte im 13. Jahrhundert. Albertus war ein Dominikanermönch und ein wissbegieriger Forscher gewesen. Er wusste sogar schon, dass die Erde eine Kugel und eben keine Scheibe ist! Warum aber sind seine Gebeine heute in der Kirche St. Andreas? Als die Franzosen Köln regierten (1794–1814), wurde das alte Kloster der Dominikaner (es befand sich an der Straße „An den Dominikanern", also ganz in der Nähe von St. Andreas) zur Kaserne umfunktioniert. Die Mönche brauchten ein neues Zuhause. Sie fanden für einige Jahre Unterschlupf bei ihren Nachbarn: Zur Kirche St. Andreas gehörte nämlich ein vornehmes Herrenstift und die Dominikanerbrüder durften bei den Stiftsherren einziehen. Mit umgezogen ist auch Albertus Magnus: Denn die Mönche nahmen die Gebeine ihres berühmtesten Ordensbruders mit nach St. Andreas und hier hat er seine letzte Ruhestätte gefunden.

- ca. 1190–1220
  Bau der heutigen Kirche
- 15. Jh.
  Neubau des gotischen Chores,
  Umbau des Nordquerhauses,
  Neubau des Südquerhauses
- 1520–1527
  Schaffung des Makkabäerschreins

Dicke Pfeiler und zarte Verzierungen

Wenn ihr in die Kirche hinein-geht, kommt ihr erst in eine Art Vorhalle. Diese ist ein Teil des Kreuzganges des Herren-stifts, der sich genau vor der Westfassade der Kirche be-fand. Hier fallen die interes-santen Zackenverzierungen an den Bögen des Gewölbes so-fort ins Auge. Im Inneren der Kirche sucht ihr euch dann am besten einen Platz auf einer Kirchenbank in der Nähe des Altars. Seht ihr, dass das Mit-telschiff zu den Seitenschiffen mit großen runden Bögen ge-öffnet ist, die von dicken Pfei-lern gestützt werden? Schaut euch besonders die Kapitelle von allen Stützen und das Schmuckband über den gro-ßen Bögen im Mittelschiff an.

Die Steinmetze haben verschiedene Blattformen und schöne Rankenmuster hineingemeißelt. So aufwän-dig ist im Innern keine andere der romanischen Kir-chen in Köln verziert!

> **?** An einem Pfeilerkapitell sind sogar Vögel zu erkennen. Könnt ihr es finden?

Die beiden turmartigen Bauten links und rechts des Chores hat der Baumeister errichtet, um den Mittel-turm über der Kuppel abzustützen. Die Fenster sind

Besonders reich ist der Schmuck, den die Steinmetze in St. Andreas geschaffen haben: Dazu gehören die Ornamente der Kapitelle der Pfeiler und Säulen sowie das Schmuckband über den Arkaden-bögen. Die Querstreifen entstehen dadurch, dass für die Stützen Steinsorten in zwei unterschied-lichen Farben verwendet wurden.

Ein Detail vom Makkabäerschrein: Auf der oberen Darstellung ist der vom Kreuz abgenommene Jesus auf dem Schoß von Maria zu sehen, darunter als Gegenüberstellung die makkabäischen Brüder in einem riesigen Kessel. Wie Jesus grausame Folter erleiden musste, so wurden auch sie gemartert: Sie wurden geschlagen, skalpiert, ihnen wurden die Zungen abgeschnitten, die Haut abgezogen und die Hände und Füße abgeschlagen. Findet ihr die Bilder dieser Leiden auf dem Schrein?

notwendig, da im Inneren dieser Mauern jeweils eine Treppe hinaufführt. Ursprünglich gab es im Osten einen romanischen Chor. Da dieser im Laufe der Jahrhunderte unmodern geworden war, ließen sich die Stiftsherren in gotischer Zeit einen prächtigen neuen Chor bauen. Auch die romanischen Querhäuser im Norden und Süden wurden um- beziehungsweise neu gebaut. Im Norden könnt ihr die ursprüngliche Wandaufteilung aus der romanischen Zeit noch gut erkennen, hier wurden nur die großen gotischen Spitzbogenfenster eingebaut, im Süden dagegen wurde in der Gotik ein ganz neues Querhaus errichtet.

Blutrünstiges

Für dieses südliche Querhaus hat der Künstler Markus Lüpertz neue, moderne Fenster entworfen. Dass dabei die Farbe Rot besonders häufig vorkommt, hat auch mit dem goldenen Schrein zu tun, der hier steht. In ihm werden die Reliquien von sieben Brüdern und ihrer Mutter aufbewahrt. Sie gehörten dem jüdischen Stamm der Makkabäer an und wurden besonders grausam ermordet. Im Alten Testament wird ihr gewaltsamer Tod genau beschrieben (2. Makkabäerbuch, Kapitel 7). Der Goldschmied, der sieben Jahre an dem Schrein gearbeitet hat, hat die einzelnen Szenen des Martyriums mit der Leidensgeschichte von Jesus zusammengebracht. Die Reliquien, die in dem Schrein aufbewahrt werden, brachte der Kölner Erzbischof Rainald von Dassel 1164 nach Köln, zusammen mit den Gebeinen der Heiligen Drei Könige. Er schenkte die Makkabäer-Reliquien einem Nonnenkloster in der Nähe des Eigelsteins. Das gab sich daraufhin den Namen Makkabäerkloster. Aus diesem Kloster wird noch ein anderes Stück in St. Andreas aufbewahrt, das auch mit Märtyrern zu tun hat: der kelchartige Steintopf in der Vorhalle, der sogenannte Blutbrunnen. In ihn soll das Blut der Märtyrerin Ursula und ihrer Gefährtinnen (siehe S. 56) geflossen sein. Mit dieser Legende aber waren die Stiftsdamen von der Ursulakirche gar nicht einverstanden! Sie besaßen nämlich die Gebeine der Heiligen und wollten keine Reliquien-Konkurrenz! Vielleicht hat Erzbischof Rainald den Nonnen die Makkabäer-Reliquien geschenkt, um den Streit zwischen den Frauen zu schlichten.

Die Bögen des ehemaligen Kreuzganggewölbes sind mit interessanten Zacken und Rundungen verziert. Vor der Figur des Apostels Andreas (mit dem Andreaskreuz) steht der Blutbrunnen aus dem Makkabäerkloster, in den das Blut der heiligen Ursula und ihrer Gefährtinnen geflossen sein soll.

links: Ein Blick von Südosten auf den gotischen Chor und das Südquerhaus.

St. Aposteln

Wenn man heute den starken Verkehr und die vielen Menschen rund um den Kölner Neumarkt sieht, kann man sich gar nicht mehr vorstellen, dass die Kirche zu Ehren der zwölf Apostel einmal am ruhigen Stadtrand gelegen hat. Tatsächlich aber verlief die römische Stadtmauer an der westlichen Grenze des Neumarktes, direkt vor der prächtigen Choranlage von St. Aposteln. Wenn ihr genau hinschaut, könnt ihr am Chor neben der Marienstatue in der Nische eine vermauerte Tür sehen. Diese Tür markiert die Höhe der römischen Stadtmauer. Vielleicht gab es hier eine Art Abkürzung für die Geistlichen, um von dem Wehrgang der Mauer schnell in die Kirche zu gelangen.

Die sehr breite Choranlage gibt dem Neumarkt einen interessanten Abschluss. Sie ist aus mehreren Bauteilen zusammengesetzt: aus den drei halbrunden Abschlüssen (Konchen), den beiden mehreckigen Chortürmen mit den Faltdächern und der mehreckigen Kuppel mit Laterne (das kleine Häuschen auf dem Dach mit den Fenstern) in der Mitte. Alle Bauteile sind reich verziert, vor allem mit Rundbögen in unterschiedlichen Formen und Größen. Erkennt ihr die kleine Galerie, die alle Konchen miteinander verbindet? Das ist die „Zwerggalerie", ein kleiner Säulengang zur Verzierung der Wand, den es bei vielen romanischen Kirchen in Köln gibt.

> **?** Schaut euch den Chor vom Neumarkt aus genauer an und vergleicht ihn mit dem Chor von St. Maria im Kapitol, der etwa hundertfünfzig Jahre früher gebaut wurde (Foto und Grundriss S. 33). Was ist den beiden Bauten gemeinsam und was ist anders?

Von Bruno zu Pilgrim

Zum ersten Mal erfahren wir etwas über eine Kirche hier am Rande der römischen Stadtmauer in einem Bericht über den Trauerzug mit der Leiche des Kölner Erzbischofs Bruno. Bruno, der Bruder von Kaiser Otto I., war in Frankreich gestorben und sollte in Köln begraben werden. Der Leichenzug machte bei einer damals kleinen, einfachen Kirche Station, die schon den zwölf Aposteln geweiht war. Ein Nachfolger von Bruno, nämlich der Kölner Erzbischof Pilgrim, ließ dann an dieser Stelle eine schöne neue

Kirche errichten, um sich in ihr beerdigen zu lassen. Das Mittelschiff, die Seitenschiffe und die Reihe von zwölf Pfeilern (für jeden Apostel einen) sowie das Querhaus im Westen zeigen noch die Pilgrimskirche. Pilgrims Grab lag an der Kreuzung vom Mittelschiff mit dem westlichen Querschiff, also an einer ganz wichtigen und zentralen Stelle in der Kirche. Die Gebeine Pilgrims liegen heute in einem steinernen Sarg – er ist sogar aus Marmor – mit goldener Inschrift im südlichen Teil des Chores. Damit für seine Seele regelmäßig gebetet wurde, gründete Pilgrim an der Apostelnkirche ein Stift.

Die dicken Steinmauern sind aus verschiedenen Schichten aufgebaut. Wie bei einer Zwiebel gibt es mehrere Schalen übereinander, die der Baumeister durch geschickte Schnitte sichtbar gemacht hat. Das konnten die romanischen Architekten besonders gut! Unter der äußeren Schale kommt auch die alte Pilgrimskirche zum Vorschein. Wer findet sie?

Umbau von Pilgrims Kirche

Nach etwa hundert Jahren war dieser Bau den Stiftsherren nicht mehr schön genug. Durch den neuen Marktplatz, den Neumarkt, lag die Kirche nun direkt an einem wichtigen Handelsplatz der Stadt. Die neue Bedeutung der Stiftskirche sollte man dem Gebäude natürlich auch ansehen: Zuerst wurde im Westen der mächtige Turm gebaut, der noch heute allen Menschen, die von der Aachener Straße aus in die Stadt kommen, den Weg weist. Dann sollte der Innenraum eine neue Decke bekommen, denn mittlerweile konnte man prächtige Gewölbe aus Stein mauern. Der Baumeister hat dafür im Inneren einfach eine neue Wandschicht hinzugefügt. Ihr könnt das gut erkennen, wenn ihr euch die Arkadenbögen im Mittelschiff genauer

anschaut: Denn die neue Wandschicht hat der Architekt wie eine Art dicke Tapete vor die alten Pfeiler gelegt. Da er die Rundbögen der alten Kirche sichtbar gelassen hat, gibt es hier eine Stufe. Vielleicht hat er das gemacht, weil er es schön fand. Oder er wollte damit zeigen, dass unter der „Tapete" immer noch der alte Bau vorhanden ist und er ihn bei seinem Umbau beachtet hat. Das Stützsystem, das für das Gewicht des Gewölbes benötigt wird, und die Reihe der Wandarkaden über den Rundbögen (das Blendtriforium), wurden auf einem waagerechten, starken Mauervorsprung verankert. Und zum Schluss wurde der alte rechteckige Chor der Pilgrimskirche abgebrochen und dafür ein neuer Chor errichtet, der ein schönes Gegengewicht zum Westturm ist und zu den großen Meisterwerken der romanischen Baukunst in Köln gehört.

Vom Neumarkt aus schaut ihr auf die prächtige Choranlage.

Moderne Kunst in den (wieder aufgebauten) romanischen Gewölben

St. Aposteln musste nach dem Zweiten Weltkrieg wieder aufgebaut werden, weil die Bomben die Kirche schwer beschädigt hatten. Dreißig Jahre hat das gedauert. Als der Wiederaufbau fertig war, entstand die Idee, die prächtige Choranlage auszumalen. Zwar gab es viele Menschen, die die kahlen Wände

in den wieder aufgebauten romanischen Kirchen schöner fanden. Aber andere erinnerten daran, dass in der Romanik die Kirchen immer mit Wand- und Gewölbemalereien geschmückt waren und die Innenräume unausgemalt nur halb fertig sind. In St. Aposteln kann man sich nun anschauen, wie eine solche moderne Ausmalung in einer romanischen Kirche wirken kann. Auf den ersten Blick sieht alles, was der Maler Hermann Gottfried hier geschaffen hat, etwas durcheinander aus. Aber dann erkennt man, dass Menschen mit Gesichtern und auch ein Tier zu sehen sind. Wirken diese Bilder nicht wie ein gemalter Traum? So etwas Ähnliches wie ein Traum wird hier tatsächlich erzählt. Es handelt sich um die Vision, die ein Mann namens Johannes auf der griechischen Insel Patmos hatte. Was er genau gesehen hat, könnt ihr in der Bibel in der „Offenbarung des Johannes" (Apokalypse) am Ende des Neuen Testaments nachlesen.

Hermann Gottfried hat Szenen aus der biblischen Apokalypse (Offenbarung) in seinen Deckengemälden dargestellt. Auf rotem Grund ist das Lamm auf dem Berg Sion zu erkennen (Off 14,1–5), in dem Bogen der auferstandene Christus in der Mitte. Auf diesem Foto nicht zu sehen sind die Gemälde in der Ostkonche (der leuchtende Thronsaal, Off 4,1–11) und in der Nordkonche (die apokalyptische Frau, Off 12,1–69).

Vierzehn Helfer in der Not

Im südlichen Westquerschiff stehen vierzehn Heiligenfiguren, mit denen es eine besondere Bewandtnis hat. Es handelt sich um die Vierzehn Nothelfer, die man bei verschiedenen Schwierigkeiten oder Gefahren um Hilfe bitten kann. Einer der berühmtesten Nothelfer, den auch heute noch viele Autofahrer bei sich haben, ist der heilige Christophorus. Die Figur steht etwas abgerückt am Eingang zum Hauptschiff. Christophorus hat das Jesuskind über einen gefähr-

Ob heute noch vierzehn Nothelfer reichen würden? Viele der Krankheiten, bei denen die Nothelfer angerufen wurden, sind durch die moderne Medizin besiegt. Aber es gibt neue und andere Gefahren.

lichen Fluss getragen und an dem enormen Gewicht des kleinen Jungen erkannt, dass er den Sohn Gottes auf seinen Schultern trägt. Er wird als Patron aller Reisenden verehrt, denn zu ihm kann man vor gefahrvollen Unternehmungen beten, damit einem nichts Schlimmes zustößt.

Ein weiterer Nothelfer ist der heilige Erasmus, der ein Bischof war. Er musste in seinem Martyrium Schreckliches erdulden: Ihm sollen bei lebendigem Leibe mit einer Winde die Gedärme herausgerissen worden sein! Da kann man verstehen, dass man ihn als Helfer bei Bauchschmerzen anruft, oder? Der heilige Blasius hält zwei gekreuzte Kerzen in der Hand. Nach der Legende hat er einen Jungen, der eine Fischgräte verschluckt hatte, vor dem Ersticken gerettet. Deshalb wird er um Hilfe bei Halskrankheiten gebeten. Zum Schluss sei hier noch der heilige Pantaleon genannt: Er stammte aus Griechenland und soll kaiserlicher Leibarzt gewesen sein. Häufig ist er mit einer Arzneidose dargestellt. Pantaleon ist Schutzpatron der Ärzte – und es gibt in Köln auch eine romanische Kirche, die ihm geweiht ist.

- **965**
  Erste Nachricht von einer Kirche zu Ehren der zwölf Apostel an dieser Stelle
- **um 1030**
  Erzbischof Pilgrim lässt einen Neubau errichten und gründet hier ein Herrenstift
- **um 1150 bis um 1230**
  Großer Umbau: Bau des Westturmes über einer neuen Krypta, des Gewölbes und eines neuen Chores im Osten
- **1988–1993**
  Gewölbemalereien von Hermann Gottfried

3

Kirche und Museum:

St. Cäcilien

Habt ihr in der Einleitung gelesen, dass die kleinen Pfarrkirchen in der Nähe der Stifts- und Klosterkirchen abgebrochen wurden, weil diese zu Beginn des 19. Jahrhunderts zu Pfarrkirchen ernannt wurden (S. 8)? Es gibt eine bedeutende Ausnahme: die beiden benachbarten Kirchen St. Cäcilien und St. Peter. Nur hier ist die ursprüngliche „Kirchenfamilie" noch erhalten. Und das ist schon etwas Besonderes!

? Schaut euch die alte Abbildung von St. Peter und
St. Cäcilien auf dieser Seite an. Was ist heute anders?

Eine Kölner Kirchenfamilie

Warum ist nun gerade diese Kirchenfamilie übrig geblieben? St. Cäcilien wurde als Stiftskirche für adelige Frauen im 12. Jahrhundert gebaut. Später zogen in das Damenstift Nonnen ein. Über dreihundert Jahre bestand das Frauenkloster, bis es in der Franzosenzeit geschlossen wurde. Auf dem Gelände der Klostergebäude entstand anschließend ein städtisches Krankenhaus. Eine Krankenhauskirche brauchte der Architekt damals nicht mehr zu bauen: Er hat nämlich St. Cäcilien einfach als Kirche für das Hospital stehen gelassen! Die alte Pfarrkirche St. Peter nebenan konnte man in diesem Fall nicht abbrechen, denn sie wurde auch weiterhin von der Pfarrgemeinde für ihre Gottesdienste benötigt. Das Krankenhaus gibt es

So sah die Kirchenfamilie vor dem Zweiten Weltkrieg aus: rechts St. Cäcilien und links St. Peter. Vergleicht das Bild mal mit dem heutigen Zustand!

19

heute nicht mehr. Nachdem es im Zweiten Weltkrieg beschädigt worden war, hat man es nicht wieder aufgebaut. St. Cäcilien, die ehemalige Krankenhauskirche, aber wurde zum Glück nicht mit abgebrochen, sondern zu einem Museum: Hier zog das Museum Schnütgen mit seinen Kunstwerken ein, die der Geistliche Alexander Schnütgen gesammelt und der Stadt geschenkt hat. Die Kirche St. Peter nebenan lohnt übrigens auf jeden Fall auch einen Besuch. Hier gibt es ein prachtvolles Altargemälde. Dargestellt ist die Kreuzigung des Apostels Petrus, dem die Kirche ja geweiht ist. Gemalt hat es Peter Paul Rubens. Er wohnte als kleiner Junge hier ganz in der Nähe. Dann zog er mit seiner Mutter und seinen Geschwistern nach Antwerpen ins heutige Belgien, wo er ein sehr berühmter Maler wurde.

In St. Cäcilien werden die Ausstellungsstücke des Museum Schnütgen gezeigt. Zwei Mal im Jahr wird hier immer noch Gottesdienst gefeiert: am 22. November, dem Festtag der heiligen Cäcilia, und an Weihnachten.

Von Cäcilia und anderen Heiligen

Es war eine gute Idee, das Museum Schnütgen in St. Cäcilien einziehen zu lassen. Denn so werden die mittelalterlichen Kunstschätze, die aus verschiedenen Kirchen stammen, auch wieder in einer Kirche gezeigt. Von den vielen Kunstwerken solltet ihr euch unbedingt das romanische Kruzifix aus der Kirche St. Georg (S. 22) anschauen und die schönen Figuren aus dem Dreikönigenpförtchen an St. Maria im Kapitol (S. 33). Nun aber zu den Kunstwerken, die zu St. Cäcilien selbst gehören: Im Chor sind noch

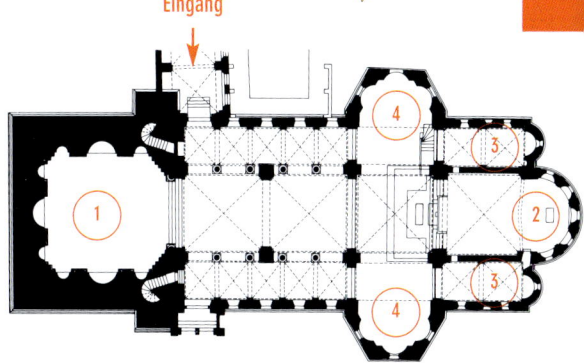

Eingang

Mittelschiff habt ihr einen guten Blick auf den Innenraum. Schaut euch die Stützen zwischen den Seitenschiffen und dem Mittelschiff etwas genauer an. Fällt euch auf, dass die schöne Reihung der Säulen mit den Würfelkapitellen durch die dicken, rechteckigen Pfeiler, die das Gewölbe tragen, unterbrochen wird? Ihr könnt daran erkennen, dass das Gewölbe erst nachträglich in die Kirche eingebaut worden ist. Der ursprüngliche Bau, den Erzbischof Anno hier errichten ließ, hatte auf jeder Seite vier Säulen, die die Arkaden zu den Seitenschiffen trugen. Über jedem Bogen befand sich ein Rundbogenfenster und darüber eine flache Decke. Erst in der Mitte des 12. Jahrhunderts wurde ein Gewölbe gemauert und dafür musste das zusätzliche Pfeilerpaar zwischen der zweiten und dritten Säule eingebaut werden. Wenn ihr nun nach Westen schaut, könnt ihr bestimmt noch etwas erkennen. Die Säulen und Kapitelle sehen hier ganz anders aus als im Mittelschiff. Sie sind viel zarter und außerdem sind an den Kapitellen Ornamente und an einigen sogar Tierfiguren zu sehen. Der Westteil stammt eindeutig aus einer anderen Zeit, in der kräftige Säulen mit Würfelkapitellen nicht mehr „in" waren: In der Tat wurde der Westchor über hundert Jahre nach Annos Kirchenbau und dreißig Jahre nach der Wölbung errichtet. Hier sieht man übrigens auch sehr gut, dass einmal ein hoher Turm gebaut werden sollte: Wie ihr an den Fensteröffnungen sehen könnt, ist die Wand hier mehrere Meter dick gemauert, um den geplanten Turm zu tragen.

Auf dem Grundriss könnt ihr gut sehen, wie dick das Mauerwerk im Westen ❶ für den geplanten Turm im Vergleich zu den anderen Mauern ist. Außerdem seht ihr, dass der Chor aus drei Teilen aufgebaut ist: in der Mitte eine halbrunde Apsis ❷ und links und rechts jeweils ein weiterer, länglicher Raum mit einer kleineren Apsis ❸. Im Norden und Süden hat St. Georg halbkreisförmige Ausbuchtungen (wie eine Art Querschiff), die außen aber mehreckig sind ❹.

Bei diesem Kunstwerk steht nicht Schönheit, sondern Leiden im Vordergrund: Der Bildhauer wollte den Menschen zeigen, welche Qualen Jesus am Kreuz erlitten hat.

- vermutlich im 7. Jh. Entstehung eines christlichen Bet-Raumes für den heiligen Cäsarius
- 1059–1067 Gründung eines Herrenstifts durch Erzbischof Anno und Bau einer Kirche
- um 1150 Einbau eines Gewölbes und zusätzlicher Pfeiler
- um 1180 Neubau des Westchores

Zweimal Christus

Im Westchor hängt das sogenannte Gabelkruzifix, das den gekreuzigten Christus an einem Kreuz mit nach oben gebogenen Balken zeigt. Der Bildhauer, der dieses Werk am Ende des 14. Jahrhunderts geschaffen hat, wollte hier den leidenden Christus darstellen. Er hat die Torturen der Geißelung und der Kreuzigung sehr deutlich herausgearbeitet, um den Menschen zu zeigen, welche Qualen Jesus auf sich genommen hat. Da im 14. Jahrhundert viele Menschen an der Pest gestorben sind, werden solche Kreuzdarstellungen auch als Pestkreuze bezeichnet. Aber nicht nur an der Pest litten die Menschen in der damaligen Zeit: Es gab häufig Hungersnöte, denn ein harter Winter, ein verregneter oder zu heißer Sommer konnte die Ernte vernichten und viele Menschen sind vor Hunger gestorben. Wenn sie aber den so gequälten Jesus am Kreuz anschauten, kam ihnen ihr eigenes Leid nicht mehr so unerträglich vor. Im Osten hängt noch ein Kruzifix. Es handelt sich dabei um die Kopie des berühmten Georgskruzifix, das Original ist im Museum Schnütgen (S. 19) ausgestellt.

? Vergleicht das Georgskruzifix (genauer: die Kopie) mit dem Gabelkruzifix. Welche Unterschiede fallen euch auf?

Bevor ihr wieder ganz hinausgeht, werft noch einen Blick in den Ehrenhof. Hier sind Menschen beerdigt, die bei dem schrecklichen Bombenangriff auf Köln im März 1945 umgekommen sind. Pfarrer Boskamp, der die Toten damals beerdigte, ließ sich später in ihrer Mitte bestatten.

St. Gereon

E ine ganze Reihe Überreste aus der römischen Zeit sind in Köln noch erhalten. Die meisten befinden sich unter der Erde. Es gibt jedoch ein bedeutendes Bauwerk der Römer, das auch heute noch überirdisch steht und sogar benutzt wird! Gleichzeitig ist es weltweit einer der bedeutendsten Kirchenbauten der Romanik.

Römische Mauern

Es gibt eine schöne Geschichte über die Gründung von St. Gereon: Die Kaiserin Helena, die Mutter des römischen Kaisers Konstantin, soll den Auftrag zum Bau einer Kirche zu Ehren von heiligen Märtyrern gegeben haben. Sie starb (vermutlich) im Jahr 329. Konstantin war der erste römische Kaiser, der das Christentum als Religion erlaubt hat und selbst Christ geworden ist. Doch leider ist die Geschichte von Helena als Gründerin von St. Gereon falsch. Bei Ausgrabungen hat man nämlich im Fundament eine eingemauerte Münze gefunden, die erst nach dem Jahr 345 geprägt worden ist.

Die ehemalige Stiftskirche St. Gereon gehört zu den berühmtesten romanischen Kirchen der Welt.

So stellen sich die Archäologen den römischen Ursprungsbau von St. Gereon vor. Der untere Teil des Gebäudes mit den Nischen (vier auf jeder Seite) ist noch gut erhalten (blau). Die Fensterwand (rot) über den Nischen muss man sich dort vorstellen, wo heute die Emporen sind. Übrigens könnt ihr euch in der Kirche noch weitere Stücke aus der Römerzeit anschauen: Das kleine Stückchen Fußbodenmosaik in der ersten Nische auf der Südseite stammt noch vom römischen Bau, ebenso die beiden dort aufbewahrten Kapitelle.

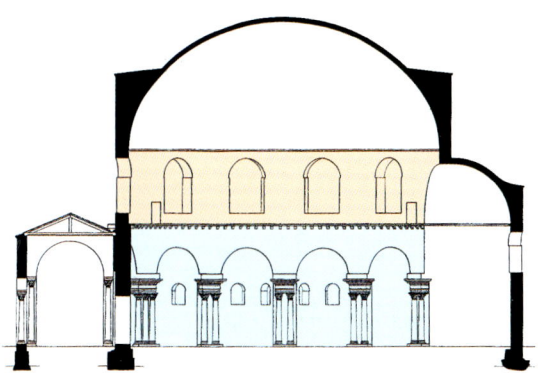

? Warum kann Helena nicht den Auftrag für den Bau von St. Gereon gegeben haben?

Geht nun zuerst durch die Vorhalle in das Innere der Kirche. Schaut euch die Wände mit den acht halbrunden Nischen an: Auf der rechten, südlichen Seite seht ihr noch das alte römische Mauerwerk. Auf der linken, nördlichen Seite hat man die Nischen nach dem Zweiten Weltkrieg wieder nachbauen müssen, weil die römischen zerstört waren. Wenn ihr euch nun die Zeichnung auf der Seite 25 anschaut, bekommt ihr einen guten Eindruck davon, wie der römische Bau wahrscheinlich ausgesehen hat und wie viel davon heute noch vorhanden ist.

Warum nun entstand hier an dieser Stelle, außerhalb der römischen Stadt, ein solch großer und aufwändiger Bau? Wir vermuten, dass es etwas mit dem Friedhof zu tun hat, der in römischer Zeit an dieser Stelle lag. Vielleicht ließ sich eine bedeutende, reiche Familie hier einen Grabbau errichten. Oder es war eine Art Denkmal. Unter den Franken, die nach den Römern in Köln regierten, wurde dieses Gebäude aus der Römerzeit zu einer christlichen Kirche umfunktioniert.

Goldenen Heilige

Das zur christlichen Kirche umgenutzte Gebäude nannten die Kölner „Zu den Goldenen Heiligen" (auf Lateinisch *Ad Sanctos Aureos*). Es soll mit wunderschönen Goldmosaiken,

Ein Blick in den Chor, der immer weiter verlängert wurde. Unter dem ersten Podest mit dem Altar befindet sich die Grabkammer mit den Reliquien der Märtyrer der Thebäischen Legion.

die Heilige darstellten, geschmückt gewesen sein. Verehrt wurden hier römische Soldaten aus der Thebäischen Legion, die als Märtyrer gestorben waren. Die Männer dieses Trupps aus der Thebäis im heutigen Ägypten waren Christen und wurden deshalb vom römischen Kaiser Diokletian durch das römische Reich verfolgt. Um das Jahr 300 nach Christus sollen einige von ihnen zusammen mit ihrem Anführer Gereon vor den Toren des römischen Kölns ermordet worden sein. Seit dem 9. Jahrhundert hat die Kirche schließlich auch diesen Gereon als Patron und ein Stift für adelige Männer entstand. Es war nach dem Stift am Kölner Dom das bedeutendste und reichste der Stadt.

Der Albtraum des Erzbischofs Anno

Trotz dieser großen Bedeutung blieb der römische Bau etwa siebenhundert Jahre ohne wichtige Veränderungen. Dann jedoch muss St. Gereon ziemlich heruntergekommen gewesen sein – siebenhundert Jahre sind schließlich auch eine sehr lange Zeit! Erst der Kölner Erzbischof Anno kümmerte sich im 11. Jahrhundert um das Gebäude. Dafür bedurfte es allerdings eines ganz besonderen Befehls „von oben": Anno soll einen fürchterlichen Albtraum gehabt haben. Ihm erschienen die thebäischen Märtyrer und beschwerten sich bitterlich darüber, wie die Kirche, die ihnen gewidmet war, aussähe. Sie drohten dem Erzbischof, ihn zu verprügeln, wenn er nicht sofort daran etwas ändere. Diese „Erziehungsmaßnahme" der Heiligen wirkte natürlich sofort. Anno gab den Auftrag, den alten Bau zu reparieren. Außerdem ließ er einen neuen großen Chor bauen und dafür erst

Das Mosaik um den Altar in der Krypta gehörte ursprünglich zur Ausstattung des höchsten und östlichsten Abschnitts des Chores und zeigt die Geschichte Davids und Samsons aus der Bibel. Hier seht ihr David, dem Riesen Goliath mit dessen Schwert den Kopf abschlägt, nachdem er ihn mit seiner Steinschleuder getroffen hat (1 Sam 17,40–51).

Am Chor finden sich sehr viele romanische Bauelemente. Erkennt ihr sie wieder?

- **im 4. Jh.**
  Bau eines Ovalbaus auf dem römischen Friedhof im Westen der Römerstadt
- **um 1060–1069**
  Reparatur und Anbau eines neuen Chores mit Krypta durch Erzbischof Anno
- **1151–1156**
  Verlängerung der Krypta und des Chores mit neuer Apsis, Chortürme, Wölbung des alten Chores
- **1219–1227**
  Bau des Dekagons

ein Untergeschoss in Form einer Krypta bauen und darüber dann den eigentlichen Chor errichten. Erkennen könnt ihr die Erhöhung heute noch sehr gut. Denn man muss immer noch einige Stufen steigen, um auf die Ebene des Chores zu kommen.

Und es wird weiter gebaut …

Etwa hundert Jahre später wurde wieder am Chor gebaut: Er wurde noch weiter nach Osten verlängert und bekam eine halbrunde Apsis sowie außen zwei hoch aufragende Chortürme rechts und links. Außerdem erhielt der alte Chor von Anno ebenfalls ein schönes Gewölbe. In der Gotik (genauer im 14. Jahrhundert) hat man dann wieder ein neues Gewölbe gebaut und große Fenster mit Maßwerk eingebaut. Vergesst nicht, euch zum Abschluss den Chor auch noch von außen anzuschauen! Aber vorher noch mal zur Krypta, in die ihr auch hinuntergehen könnt. Der wichtigste Teil ist die *confessio*. So wird die für die Gläubigen sichtbare Grabstätte eines oder mehrerer Heiligen unter dem Altar bezeichnet. In St. Gereon werden hinter dem schmiedeeisernen Gitter in dem dreiteiligen Sarkophag die Gebeine aufbewahrt, die man für die der Märtyrer der Thebäischen Legion hielt. Unsere Vorfahren haben immer wieder in der Kirche gegraben. Bei diesen Grabungen haben sie eine ganze Menge Knochen gefunden, die als Reliquien von Gereon und seinen Gefährten verehrt wurden.

> **?** Warum wurden bei Grabungen immer wieder menschliche Knochen gefunden?

Um die nächste wichtige Baumaßnahme zu sehen, müsst ihr nun aber wieder zurück nach oben und zwar in den römischen Ovalbau!

Die höchste Kuppel des Mittelalters

Am Ovalbau war ja seit der Römerzeit im Grunde gar nichts mehr verändert worden. Er hatte zwar zwischenzeitlich eine neue Ausmalung bekommen, aber sonst war nichts Bedeutendes geschehen. Das sollte sich nun im 13. Jahrhundert ändern. Die genialen Fähigkeiten der Baumeister dieser Zeit beweist die Kuppel von St. Gereon. Heute können die Architekten mithilfe von Computerberechnungen die tollsten Gebäude errichten und vorher testen, ob in der Wirklichkeit nicht alles einstürzen würde. In der Romanik ging das natürlich nicht! Trotzdem gelang es dem unbekannten Baumeister, hier eine solch großartige Kuppel über dem römischen Bau zu errichten. Da der Turm außen zehn Ecken hat, nennt man ihn Dekagon (Zehneck). Mit vierunddreißig Metern Höhe war das Gewölbe im Mittelalter die höchste Kuppel des Abendlandes! Dass der Architekt den römischen Ovalbau nicht abgebrochen hat, sondern ihn wie eine kostbares altes Schmuckstück in einen schönen neuen Schmuckkasten gelegt hat, zeigt, welche große Bedeutung der römische Bau noch hatte. Noch glaubte man ja daran, dass Kaiserin Helena St. Gereon gegründet hatte ...

Wer einmal in die Kuppel von St. Gereon geschaut hat, vergisst sie so schnell nicht mehr! Die bunten Fenster und die farbige Decke sollen die Bedeutung dieses Baus noch steigern. Sie sind neu angefertigt worden, da die Kuppel von den Bomben im Zweiten Weltkrieg sehr schwer beschädigt worden war.

St. Kunibert

Erwachsene denken sich ja die tollsten Geschichten aus, um zu erklären, woher die Babys kommen. Für Kölner Kinder kamen die Neugeborenen aus dem „Kunibäätspütz", dem Brunnen (Pütz) in St. Kunibert. Bei Führungen kann man sich den Raum unter dem Chor mit dem Brunnen zeigen lassen.

Die letzte romanische Kirche in Köln

Die Legende von den Babys aus dem Brunnen entstand vermutlich, weil sich hier ein heidnisches (nicht christliches) Heiligtum befand und Frauen von dem Wasser tranken, wenn sie keine Kinder bekamen. Offiziell waren solche heidnischen Bräuche im Christentum natürlich nicht mehr erlaubt, aber mit einem Trick konnten derart verzauberte Orte weiter besucht werden: Sie mussten einfach mit christlichen Heiligen zusammengebracht werden. Bei St. Kunibert funktionierte das so: Nach der Legende wurden durch den Brunnen die Leichen von zwei Märtyrern angespült. Und noch ein weiterer Heiliger hat hier angeblich seine letzte Ruhe gefunden: Der Kölner Bischof Kunibert, der etwa dreißig Jahre vorher gestorben war und heilig gesprochen wurde, soll ebenfalls in der Kirche beerdigt worden sein. Kunibert selbst hatte sie hier im Norden der römischen Stadt errichten lassen. Diese Kirche war dem heiligen Clemens geweiht und erst im Laufe der Jahrhunderte wurde Kunibert als Kirchenpatron verehrt. Im 11. Jahrhundert wurde eine neue Kirche gebaut. Der heutige Bau ist also schon der dritte an dieser Stelle. Und der letzte, der in Köln im romanischen Stil errichtet wurde. Er ist genau ein Jahr, bevor mit dem Bau des goti-

Die Kirche St. Kunibert ist nicht nur der letzte romanische Bau, der in Köln errichtet wurde. Sie war auch die letzte der romanischen Kirchen, die nach den Zerstörungen im Zweiten Weltkrieg wieder aufgebaut war. 1993 wurde das Querhaus im Westen mit dem Westturm vollendet.

- **im 7. Jh.** Bau einer dem heiligen Clemens geweihten Kirche durch Erzbischof Kunibert
- **Mitte 11. Jh.** Neubau der alten Kirche
- **1215–1247** Bau der heutigen Kirche
- **um 1220/1230** Entstehung der Glasfenster für den Chor
- **1439** Verkündigungsgruppe

schen Domes begonnen wurde, fertig geworden (1247). Im Innern kann man sehr gut sehen, dass der Baumeister schon einige gotische Elemente kannte: Dazu gehören das Gewölbe mit den Kreuzrippen und die vielen Spitzbögen.

Maria und Gabriel

St. Kunibert war die Kirche eines Herrenstifts. Ihre Gottesdienste feierten die Stiftsherren in einer Verlängerung des Chores, die durch Wände (die sogenannten Chorschranken) von der restlichen Kirche abgeteilt war. Zu ihrem Schmuck wurden die beiden großen Figuren an den Vierungspfeilern

gestiftet: Der Erzengel Gabriel verkündet Maria, dass sie Jesus, den Sohn Gottes, zur Welt bringen wird. Maria ist als eine sehr vornehme und fromme Frau an einem Pult dargestellt. Sie hat gerade in einem Buch gelesen und ist von dem Engel erschreckt worden. Am Fuß ihres Lesepults ist noch ein kleiner Mann zu erkennen.

Maria wird vom Erzengel Gabriel am gegenüberliegenden Pfeiler verkündet, dass sie Jesus zur Welt bringen wird. Sie hat ihre rechte Hand auf ihre Brust gelegt und scheint zu fragen: „Mich hat Gott für diese Aufgabe bestimmt?" Oft ließen sich die Auftraggeber solcher Kunstwerke mit verewigen. Findet ihr den Auftraggeber hier?

? Um wen handelt es sich bei der kleinen Figur?
a) Sie ist eine Puppe, mit der Maria gespielt hat.
b) Die Figur soll Jesus als kleines Baby darstellen.
c) Sie stellt den Mann dar, der das Kunstwerk in Auftrag gegeben hat und sich hier betend verewigen ließ.

Die Glasfenster im Chor von St. Kunibert sind die ältesten Bilderfenster in Köln. Viele farbige Fenster gingen in späteren Jahrhunderten verloren, weil man lieber durchsichtige Fenster haben wollte, damit helles Licht in die Kirche hineinfällt. Hier ist die Legende des heiligen Kunibert dargestellt.

Die ältesten erhaltenen Glasfenster in Köln

Weiter im Osten befindet sich ein ganz besonderer Schatz. Es handelt sich dabei um die farbigen Glasfenster im Chor. Es sind die ältesten Bilderfenster in Köln. In der Mitte sind fünf Szenen aus der Christusgeschichte zu sehen. Das linke Fenster zeigt die Legende des heiligen Clemens (1. Taufe; 2. Verbannung durch den römischen Kaiser; 3. Clemens bewirkt an seinem Verbannungsort, einem Steinbruch, ein Wunder, indem er betet und daraufhin ein Lamm eine Quelle findet; 4. Todesurteil durch den römischen Kaiser; 5. Tod des Heiligen).

Das rechte Fenster zeigt die Lebensgeschichte des heiligen Kunibert: Im unteren Fenster seht ihr den Frankenkönig Dagobert, der nachts erkennt, dass sein Diener Kunibert ein Heiliger sein muss, da er von einem Lichtstrahl erleuchtet wird. Das Bild darüber zeigt, wie Kunibert Abschied vom königlichen Hof nimmt. Im dritten Bild wird ihm vom König ein Szepter überreicht als Zeichen seiner Ernennung zum Bischof von Köln. Ganz oben seht ihr den Tod und die Beerdigung von Kunibert. Darunter aber ist ein Wunder in der Kirche St. Ursula dargestellt: Während Kunibert in der Kirche eine Messe feiert, wird er durch eine Taube auf das Grab der heiligen Ursula hingewiesen. Wer diese Ursula war, erfahrt in ihrer Kirche (S. 56).

Eine der berühmtesten romanischen Kirchen der Welt:

St. Maria im Kapitol

Kennt ihr das Kölner Dreikönigenpförtchen? Es ist ein schönes steinernes Tor aus gotischer Zeit an St. Maria im Kapitol zwischen Marienplatz und Lichhof. Nach einer Legende sollen die Gebeine der Heiligen Drei Könige durch dieses Tor in die Stadt transportiert worden sein. Allerdings kamen die Weisen in Wirklichkeit durch ein Stadttor am Rheinufer in der Nähe des Domes. Vom Lichhof habt ihr aber den richtigen Blick auf die berühmteste Choranlage der romanischen Kirchen!

Maria im Kapitol ist einzigartig. Nicht nur wegen des Kleeblattchores, sondern auch wegen des Säulenumganges im Chor: Ihr könnt ihn auf dem Grundriss an der farbigen Markierung erkennen. Seht ihr, dass die Seitenschiffe mit ihren Gewölben in den Säulengängen des Chores fortgeführt werden? Schreitet selbst diesen Weg im Inneren ab!

Eine geniale Idee

Dieser Chor ist deshalb so berühmt, weil hier zum ersten Mal in Deutschland eine Anlage in der Form eines Kleeblatts errichtet wurde. Die Fachleute nennen die halbkreisförmigen Rundungen, die einzelnen Blätter des Kleeblatts, Konchen. Da es drei sind, spricht man von einem Dreikonchenchor, oder noch vornehmer und auf Griechisch: *Trikonchos*. Die Idee, so etwas bauen zu lassen, hatte vielleicht die Auftraggeberin selbst, die Äbtissin (Vorsteherin) des Damenstifts. Sie hieß Ida, lebte im 11. Jahrhundert und stammte aus vornehmem Hause: Sie war die Tochter eines Grafen und ihre Großeltern waren Kaiser Otto II. und Kaiserin Theophanu (über die Griechin Theophanu erfahrt ihr mehr bei St. Pantaleon, S. 46). Idas Geschwister hat-

Ob Plektrudis, die Gründerin von St. Maria im Kapitol, wirklich so ausgesehen hat, weiß niemand. Erst etwa vierhundertfünfzig Jahre nach ihrem Tod wurde diese Darstellung für ihr Grab von einem Bildhauer gemeißelt. Bei den Falten ihres feinen Gewandes hat er sich ganz besonders viel Mühe gegeben!

ten ebenfalls wichtige kirchliche Ämter: Ihr Bruder Heriman war zum Beispiel Erzbischof in Köln und ihre Schwester Theophanu (sie hieß wie die Oma) Äbtissin in Essen. Und übrigens: Wir wissen immer noch nicht ganz genau, woher Ida oder der Baumeister die Idee mit dem Dreikonchenchor hatte!

Vom Tempel zur Kirche

Die Geschichte von St. Maria im Kapitol geht aber noch viel weiter zurück: Schon in römischer Zeit befand sich hier auf der kleinen Anhöhe in der Nähe des Rheins ein Heiligtum: Es war der bedeutendste Tempel der Stadt, der Kapitolstempel. Dieser war zu Ehren der wichtigsten drei römischen Götter Jupiter, Juno und Minerva erbaut worden. Durch Ausgrabungen wissen wir auch, wie die Tempelanlage ausgesehen hat: Zum Rhein hinunter gab es eine große Freitreppe und für jede einzelne Götterstatue einen eigenen Raum. Nachdem die Franken Köln erobert hatten, gründete die fränkische Herrscherin Plektrudis hier eine erste Kirche und ließ sich auch in ihr bestatten. Die Fachleute vermuten, dass der römische Tempel nicht abgebrochen wurde, sondern einfach nur den christlichen Regeln entsprechend umgebaut wurde. Die Steine des römischen Bauwerks wurden dann unter Äbtissin Ida wieder für den Bau der heutigen Kirche benutzt. Heute nennen wir das „Recycling"!

? Warum heißt die Kirche St. Maria „im Kapitol"?

Äpfel, Knochen und noch vieles mehr

Nun seid ihr vielleicht schon gespannt, wie es im Inneren aussieht. Dafür müsst ihr den Lichhof, der

übrigens ein Friedhof (Leichenhof) war, verlassen und außen um die Kirche herumgehen. Auf der anderen Seite kommt ihr durch den alten Kreuzgang des Stifts und über einige Stufen in die Kirche hinein. Im Mittelschiff schauen dann viele Kirchenbesucher zuerst auf den steinernen Aufbau vor der Choranlage, auf dem die große Orgel steht: den Lettner. Einen solchen hat es in den Stifts- und Klosterkirchen gegeben, um die Sitzplätze der Geistlichen von der übrigen Kirche abzutrennen. Gesessen haben in der Kirche damals nur wenige: Abgesehen von den Geistlichen waren das die reichen Leute, die eigene Kirchenbänke hatten. Alle übrigen mussten früher stehen! Dieser Lettner hier ist von einem Künstler in den Niederlanden gefertigt worden, der schon die Formen der Renaissance beherrschte. In Auftrag gegeben und bezahlt haben das kostbare Werk reiche Kölner Familien. Ihre großen Wappen sind nicht zu übersehen. Auf der vorderen (nach Westen gewandten) Seite sind Szenen aus der Kindheit Jesu und zehn Propheten dargestellt, auf der Rückseite das Abendmahl mit Szenen aus dem Alten Testament sowie zwölf Heilige. Bevor ihr in den Dreikonchenchor geht, werft noch einen Blick auf die romanische Grabplatte der Plektrudis, die sich im linken (nördlichen) Seitenschiff befindet. Über der Figur steht *S. Plectrvdis*, darunter (zwischen dem Muschelheiligenschein) *Regia* (Königin). Plektrudis wurde hier also nicht nur als Königin, sondern auch als Heilige verehrt, obwohl sie offiziell nie heilig gesprochen wurde („S." ist die Abkürzung für *Sancta*, übersetzt: „Heilige"). Auf dem Schriftband in ihrer Hand steht *domine dilexi decorem domus tue* (übersetzt: „Herr, ich habe den Schmuck deines Hauses geliebt").

An den romanischen Dreikonchenchor wurde in gotischer Zeit angebaut: im Norden zum Beispiel die Kapelle des Bürgermeisters Hirtz und die Sakristei.

- **vermutlich um 50 n. Chr.**
  Bau des Kapitolstempels
- **um 690**
  Plektrudis gründet (vermutlich) hier eine Kirche
- **um 1027–1065**
  Bau der heutigen Kirche mit dem Dreikonchenchor im Osten, die Holztür mit der Jesusgeschichte wird geschaffen
- **um 1520**
  Herstellung des Renaissance-Lettners

7

Der Lettner in St. Maria im Kapitol wurde in einer niederländischen Werkstatt gefertigt und dann nach Köln transportiert. An der Westseite sind Szenen aus der Lebensgeschichte Jesu zu sehen. Findet ihr die heilige Familie im Stall von Bethlehem?

Hinter dem Lettner, in der Dreikonchenanlage, findet ihr am linken (nördlichen) Pfeiler eine kleine Madonnenfigur, zu deren Füßen immer Äpfel liegen. Nach einer schönen Legende bot der heilige Hermann Josef, der als Kind in der Nähe der Kirche wohnte, dem Jesuskind seinen Apfel an. Dann geschah ein Wunder: Das Jesuskind wurde lebendig, beugte sich herab und nahm den Apfel! Direkt in der Nähe dieser Figur hängt eine sehr drastische Darstellung des gekreuzigten Jesus: das sogenannte Pestkreuz, das aus dem 14. Jahrhundert stammt und ursprünglich zu einem Altar vor dem Lettner gehörte (zur Bedeutung von Pestkreuzen siehe S. 24).

Vielleicht sind euch bei der Betrachtung des Grundrisses oder am Außenbau die beiden quadratischen Kapellen zwischen den Konchen aufgefallen. Diese wurden von zwei Kölner Bürgermeistern in Auftrag gegeben und bezahlt. Auf der linken (nördlichen) Seite war es Bürgermeister Hirtz, auf der rechten (südlichen) Seite Bürgermeister Hardenrath. Bei der Hardenrath-Kapelle sind noch die alten Fenster mit der Kreuzigungsdarstellung erhalten geblieben. Auch ist noch die schöne Empore vor der Kapelle erwähnenswert, die extra für die Sänger und ihren Dirigen-

ten errichtet wurde. Denn die Familie Hardenrath hat zusätzlich noch eine Messe mit Gesang gestiftet.

Zum Schluss solltet ihr euch nun noch die Holztüre anschauen, die ursprünglich für den Eingang in der Nordkonche geschaffen wurde. Es war der alte Haupteingang in die Kirche und deshalb ist das Portal besonders kunstvoll gestaltet gewesen. Diese Tür (sie befindet sich am Ende des südlichen Seitenschiffes) ist die schönste erhaltene Holztüre des Mittelalters und damit ein ganz besonderer Schatz. Die einzelnen Tafeln mit Szenen aus dem Leben Jesu sind aus Nussbaumholz geschnitzt und waren ursprünglich farbig bemalt.

Wenn ihr über den Beichtstuhl auf der rechten Seite schaut, dann seht ihr seltsame Knochen, die im Volksmund „Zint Märjens Repp" (Sankt Mariens Rippen) genannt werden.

? Was sind das für Knochen?
a) Sie stammen von einem Riesen aus dem Riesengebirge.
b) Es handelt sich um Knochen eines Wales, der sich aus der Nordsee in den Rhein verirrt hatte.
c) Es sind die Rippen von einem Dinosaurier.

Im rechten (südlichen) Seitenschiff stehen hinter einem schmiedeeisernen Schutzgitter die Türflügel des romanischen Portals. Die einzelnen Szenen erzählen die Lebensgeschichte von Jesus. Über dem Beichtstuhl auf der rechten Seite hängen merkwürdige Knochen ...

Bunt bemalte Gewölbe:

St. Maria Lyskirchen

Nur eine einzige der erhaltenen romanischen Kirchen in der Kölner Altstadt war immer Pfarrkirche: St. Maria Lyskirchen. Sie ist deshalb auch etwas kleiner als die großen Stifts- und Klosterkirchen. Erbaut wurde sie Anfang des 13. Jahrhunderts. In der Gegend um die Kirche lebten früher viele Rheinschiffer, weshalb St. Maria Lyskirchen auch gerne die „Schifferkirche" genannt wird. Am Westportal könnt ihr euch die Kunstfertigkeit der romanischen Steinmetze anschauen. Außerdem seht ihr hier, dass die Menschen am Rheinufer schon immer mit Hochwasser zu kämpfen hatten.

? In welchem Jahr stand das Rheinwasser bis über dem Eingang der Kirche?

Jetzt wird's bunt!

Der große Schatz von St. Maria Lyskirchen sind die farbigen Gewölbemalereien im Mittelschiff und in den Kapellen zu beiden Seiten des Chores. Wie durch ein Wunder wurde das Gewölbe im Zweiten Weltkrieg nicht wie bei den anderen romanischen Kirchen zerstört, sondern blieb erhalten und damit auch die schöne Malerei. Im Mittelschiff könnt ihr erkennen, dass der Künstler auch ein bisschen gezaubert hat: Es sieht so aus, als seien die einzelnen Gewölbefelder runde Kuppeln, und eben keine spitz zulaufenden Gewölbe, wie sie die Bauleute gemauert haben. Am besten ihr stellt euch die drei Gewölbefelder wie drei riesige Hügelsahnetorten vor: Die Spitzen der Torten verzieren jeweils die schönen

- **1210/1220**
  Neubau der heute erhaltenen Kirche
- **um 1250**
  Ausmalung der Gewölbe im Mittelschiff
- **um 1270**
  Ausmalung der südlichen Chorkapelle (Nikolauslegende)
- **um 1280**
  Ausmalung der nördlichen Chorkapelle (Katharinenlegende)

Schlusssteine der Gewölbe, die Gewölberippen teilen den Kuchen gut sichtbar in vier gleich große Stücke. Der Längsschnitt (von Osten nach Westen) ist durch einen breiten Streifen mit einem geflochtenen Band markiert. Dann hat der Maler die großen „Tortenstücke" (im Süden und Norden) noch einmal in der Mitte durch aufgemalte Säulen geteilt. Auf der südlichen Seite hat er die Lebensgeschichte von Jesus aus dem Neuen Testament und auf der nördlichen Seite die dazu passenden Szenen aus dem Alten Testament dargestellt. Dabei fehlen die Kreuzigung und die Auferstehung. Diese wurden sicherlich in der Apsis des Chores gezeigt und sind nicht mehr erhalten. Am besten könnt ihr die einzelnen Szenen erkennen, wenn ihr ein kleines Fernglas zur Hilfe nehmt.

Katharina und Nikolaus

In den Kapellen zu beiden Seiten der Apsis sind die Legenden von zwei Heiligen dargestellt, die es sich auch lohnt genauer anzuschauen: Im Norden wird von der heiligen Katharina erzählt (1. Katharina vor dem römischen Kaiser Maxentius; 2. Katharina bekehrt heidnische Gelehrte; 3. Maxentius lässt die Wissenschaftler in einem Ofen verbrennen; 4. Katharina im Kerker; 5. Katharina soll auf einem Rad gefoltert werden, Engel zerstören das Rad; 6. Folterung und Enthauptung der von Katharina bekehrten Kaiserin; 7. Enthauptung und 8. Beerdigung von

Bei der schönen farbigen Figur neben dem Eingang handelt es sich um die sogenannte Schiffermadonna mit dem Jesuskind. Sie kam vor ungefähr zweihundert Jahren nach St. Maria Lyskirchen und war ursprünglich in einer Nische außen an der Chorfassade aufgestellt. Die vielen Fischer und Schiffer, die den Rhein befuhren, sollen sie immer begrüßt haben. Das hat der Maler Peter Hecker in seinem modernen Wandgemälde anschaulich dargestellt.

Katharina). Im Gewölbe der Kapelle im Süden ist ein ganz berühmter Heiliger zu sehen, dessen Namensfest jedes Kind kennt: Der 6. Dezember ist Nikolaustag! Nun, Nikolaus macht schon als sehr kleines Kind von sich reden: Seine Eltern wundern sich, denn er trinkt nur einmal am Tag von der Mutterbrust, sonst fastet er. Außerdem kann er schon alleine aufrecht in der Badewanne stehen, wie ihr am unteren Rand der Darstellung sehen könnt. Im nächsten Bild wird Nikolaus Bischof. Dann rettet er Schiffbrüchige aus Seenot, weshalb er auch der Schutzpatron der Schiffer ist. Anschließend ist sein Tod zu sehen. Es folgen einige Wunder, die Nikolaus nach seinem Tod vollbringt: Die erste Geschichte erzählt von einem Juden (erkennbar an seinem spitzen Hut), der ein Bild des heiligen Nikolaus aufstellt, um seine Schätze vor Dieben bewachen zu lassen. Das ganze funktioniert aber nicht, trotz des Heiligenbildes wird der Jude bestohlen. Aus Wut darüber schlägt er das Bild mit einer Rute. Nikolaus hilft aber trotzdem: Die Diebe werden überführt und müssen das Diebesgut zurückbringen. Das nächste Wunder berichtet von drei Männern, die vom ersten christlichen Kaiser Konstantin verurteilt werden, obwohl sie unschuldig sind. Im Traum erscheint dem Konstantin der heilige Nikolaus und macht ihn auf seinen Irrtum aufmerksam. Am nächsten Morgen werden die drei Männer aus dem Holzblock befreit. Da für die ganze Geschichte nicht genug Platz ist, erscheint hier Nikolaus persönlich, um die Fesseln der gefangenen Männer zu lösen.

oben: Katharina sagt Kaiser Maxentius, dass sie nur an einen Gott im Himmel glaubt. Das römische Volk dagegen verehrt eine Götterstatue.
unten: Nikolaus befreit die unschuldigen Männer.

Schwimmbad, Lagerhalle und dann Kirche:

Groß St. Martin

W er sich schon einige der romanischen Kirchen angeschaut hat, hat bereits mit einer ganzen Menge von Heiligen Bekanntschaft gemacht, von denen heute nicht jeder mehr etwas weiß. Einen Heiligen aber kennen fast alle: Sankt Martin. Denn auch heute noch erinnert am Martinstag, dem 11. November, der Martinsumzug an ihn.

Der heilige Martin und die Franken

Martin lebte im 4. Jahrhundert und war zuerst ein römischer Soldat gewesen. Nach der Legende kam er im Winter eines Tages nach Amiens im heutigen Frankreich. Vor dem Stadttor saß ein armer Bettler, der entsetzlich fror. Mit seinem Schwert teilte Martin seinen großen Umhang und gab dem armen Mann die Hälfte, damit er sich wärmen konnte. Der Bettler soll in Wirklichkeit aber Christus gewesen sein und die Begegnung eine Art Test: Martin sollte zeigen, ob er für ein Amt in der Kirche geeignet ist. Später wurde Martin Bischof der Stadt Tours. Schon bald nach seinem Tod hat man ihn als Heiligen verehrt. Besonders bei den Franken war er außerordentlich beliebt. Der heilige Martin wurde eine Art Nationalheiliger für sie. Viele Kirchen, die die Franken gegründet haben, wurden ihm geweiht. Und in Köln wurden gleich zwei Gotteshäuser zu Ehren von diesem wichtigen Mann errichtet: Klein St. Martin am Heumarkt, von der heute nur noch der Turm vorhanden ist, und Groß St. Martin, die Abteikirche eines bedeutenden Männerklosters.

Der mächtige Turm von Groß St. Martin überragt alle anderen Häuser am Rheinufer.

9

? Im Norden der Kirche ist eine kleine Grünfläche. Hier befand sich der Kreuzgang des Benediktinerklosters. Was stellen die Figuren auf der weißen Säule dar?

Findet ihr die Zwerggalerie auf der Zeichnung wieder? Ihr könnt sie mit einem farbigen Stift markieren.

Ein Vierungsturm für das Rheinpanorama

Das Berühmteste von Groß St. Martin ist der Turm. Dieser erhebt sich genau über der Mitte der Choranlage, genauer gesagt, über der Vierung. So bezeichnen die Fachleute den rechteckigen Bereich, in dem sich Mittelschiff und Querschiff kreuzen. Der Kirchturm von Groß St. Martin ist also, ganz richtig ausgedrückt, der Vierungsturm. Er betont die Choranlage, die genau wie bei St. Maria im Kapitol (S. 33) und St. Aposteln (S. 14) die Form eines dreiblättrigen Kleeblatts hat. Am besten ihr schaut euch vom Rheinufer aus die Kirche etwas genauer an. Ihr könnt von dort gut erkennen, dass die drei Blätter des Kleeblatts (die Konchen) mehrere Etagen haben und ganz oben mit einem Band mit viereckigen Platten und einer kleinen Galerie abschließen. Solche Außengänge kommen bei den romanischen Kirchen häufig vor. Weil sie so klein sind, nennen wir sie „Zwerggalerien". Italienische Bauleute sollen sie erfunden haben. Eigentlich sind sie nur Verzierung, können aber auch nützlich sein, wenn am Dach etwas repariert werden muss. Der Vierungsturm darüber ist viereckig und auf jeder Ecke steht noch ein mehreckiges Türmchen. Vielleicht sollten die vier kleineren Türme ein Symbol für die vier Evangelisten (Johannes, Markus, Matthäus, Lukas) sein. Aber das ist nur eine Vermutung! Das Dach hat die Form einer achtseitigen, unten eingeknickten Pyramide. Diese Form war nicht die Idee des romanischen Baumeisters, sondern sie stammt aus dem 15. Jahrhundert. Da die Türme vom Kölner Dom im Mittelalter noch nicht fertig waren, war der Vierungsturm von Groß St. Martin lange Zeit der Blickpunkt für alle Menschen, die sich Köln vom Rhein aus näherten. Der schöne Blick auf die Stadt war übrigens auch der Grund, warum die Menschen nach dem Zweiten Weltkrieg den zerstörten Turm sehr bald wieder aufgebaut haben: Denn die Rheinansicht ist erst mit dem unverwechselbaren Vierungsturm von Groß St. Martin komplett.

Und wieder ein Dreikonchenchor!

Wenn ihr im Inneren der Kirche in der Vierung steht, seht ihr die Form des Chores mit dem dreiblättrigen Kleeblatt besonders gut. Wer schon in St. Maria im Kapitol war (S. 33), der hat die älteste dieser Choranlagen schon kennen gelernt. Aber nicht nur für den Grundriss, auch für die Innenwände hat sich der Architekt von Groß St. Martin etwas Besonderes ausgedacht: Diese sind nämlich aufgelockert durch unterschiedlich gestaltete Emporen, Nischen, Rundbögen und Wandsäulen. Die viereckigen Stützen, die das Mittelschiff von den beiden Seitenschiffen trennen und die großen Rundbögen tragen, hat der Baumeister sehr massiv gemacht. Darüber befindet sich eine Art Laufgang mit Säulen und Spitzbögen. Man nennt dies ein Triforium. Die Rippen und Bögen des Gewölbes darüber werden von mehreren Säulenbündeln aufgefangen, die direkt mit der

Ein Blick in den Chor. Er hat innen zwei „Etagen". Für die obere hat der Künstler Hermann Gottfried drei neue, farbige Glasfenster geschaffen. Sie zeigen Szenen aus der Legende des heiligen Martin. In der Mitte ist die Mantelteilung dargestellt.

In das römische Schwimmbecken darf man heute nicht mehr hineinspringen. Auch nicht, wenn bei Hochwasser die Ausgrabungszone mit Grundwasser geflutet wird.

Wand verbunden sind. Diese ruhen auf sehr kunstvoll gearbeiteten Konsolen unterhalb des Triforiums. Daran könnt ihr erkennen, dass das Gewölbe erst nachträglich eingebaut wurde. Ursprünglich war der Raum, wie bei den Kirchen jener Zeit üblich, mit einer flachen Holzdecke geschlossen. Wer genau hinschaut, kann an den Wänden noch Reste von Malerei erkennen, die aber nicht aus dem Mittelalter, sondern dem 19. Jahrhundert stammt. Nach der schweren Beschädigung der Kirche im Zweiten Weltkrieg wollte man diese aber nicht wieder herstellen, sondern den Raum möglichst schlicht lassen.

Wo die Römer schwammen

Auch bei Groß St. Martin haben die Archäologen bei den Aufräumarbeiten nach Kriegsende unter der Erde geschaut. Was sie dabei gefunden haben, kann man sich in der Ausgrabungszone unter der Kirche anschauen: Die drei halbrunden Mauern sind die Fundamente des Kleeblattchores, was sich an der Form leicht erkennen lässt. Unterhalb und seitlich des linken (nördlichen) Konchenfundaments haben die Forscher die Reste eines Schwimmbeckens gefunden! Vom Metallgang aus könnt ihr die Steinplatten, die auf dem Boden des Wasserbeckens lagen, gut sehen. Das Schwimmbad gehörte zu einer großen Sportanlage aus der Römerzeit. Das Becken war ursprünglich natürlich größer und setzte sich weiter nach Norden (also in die Richtung, wo heute die Mühlengasse liegt) fort. Zur Römerzeit war der Bereich des heutigen Martinsviertels eine Halbinsel. Dort, wo heute der Altermarkt und der

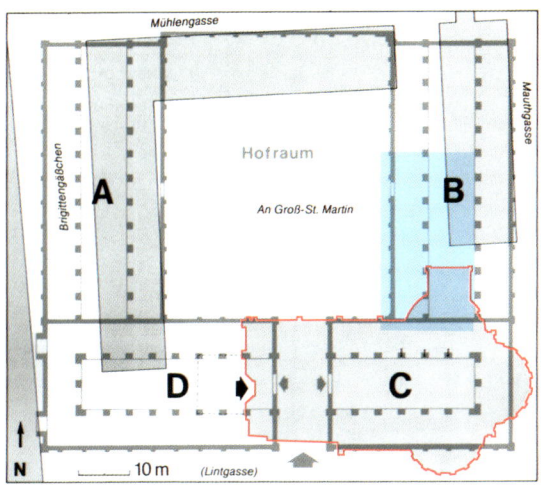

Zuerst legten die Römer eine Sportanlage mit Schwimmbad an (blau). Dann errichteten sie Lagerhallen (A-D) für ihren Hafen. Über eine Halle (C) bauten schließlich die Christen eine Kirche (rot).

Von einer der römischen Lagerhallen, auf denen die Kirche gebaut wurde, sind noch die Fundamente und Reste der Pfeiler erhalten. Man kann die Spuren, die die Werkzeuge der Steinmetze an dem Stein hinterlassen haben, gut sehen.

Heumarkt sind, befand sich ein Rheinarm. Doch der Standort der Sportanlage wurde schon bald anders gebraucht: Es entstanden vier große Lagerhallen für den Hafen, von denen auch Reste (Pfeiler, Pfeiler- und Mauerfundamente) zu sehen sind. Eine dieser Lagerhallen, nämlich die im Südosten gelegene, wurde nach der Römerzeit weiter benutzt. Die Wissenschaftler glauben, dass nach der Eroberung der Stadt Köln durch die Franken diese Halle zu einer Kirche umfunktioniert wurde. Die Pfeiler der Lagerhalle wurden nämlich verschönert, verputzt und angemalt. Da Martin ja ein bei den Franken sehr beliebter Heiliger war, wäre es durchaus möglich, dass die fränkischen Christen die alte römische Lagerhalle verschönerten, um daraus eine Kirche zu Ehren des heiligen Martin zu machen. Etwa dreihundert Jahre später wurde dann hier ein Kloster gegründet und eine neue Kirche gebaut. Dafür wurden einfach die Seitenwände der römischen Lagerhalle weiter benutzt.

St. Pantaleon

Eine ganze Reihe bedeutender Persönlichkeiten haben in den romanischen Kirchen ihr Grab (St. Andreas, S. 10; St. Aposteln, S. 14; St. Maria im Kapitol, S. 33; St. Kunibert, S. 30; St. Severin, S. 51). Auch St. Pantaleon beherbergt die sterblichen Überreste von zwei interessanten Menschen: von Erzbischof Bruno und Kaiserin Theophanu. Sie wählten für ihr Grab das Gotteshaus, das dem heiligen Pantaleon, einem griechischen Arzt und Märtyrer, geweiht ist.

Ein Grab für Erzbischof Bruno ...

Bruno war der Bruder von Kaiser Otto I. Er war Erzbischof von Köln und auch Herzog von Lothringen, also nicht nur ein kirchliches Oberhaupt, sondern auch ein bedeutender weltlicher Fürst. Dort, wo heute St. Pantaleon steht, befand sich zu Brunos Zeiten bereits eine dem heiligen Pantaleon geweihte Kirche. Sie stammte aus dem 9. Jahrhundert und war zu Brunos Zeiten also schon ungefähr hundert Jahre alt. Hier gründete Erzbischof Bruno ein Benediktinerkloster und gab Geld für den Bau eines neuen Gotteshauses. An diesem Ort, außerhalb der Stadt, wollte er auch bestattet werden. Die Gebete der Mönche „seines" Klosters sollten Brunos Seele auf ihrem Weg ins Paradies helfen. Der Erzbischof starb im Jahr 965 in Reims, im heutigen Frankreich. Bevor sein Sarg nach St. Pantaleon kam, machte der Leichenzug übrigens bei einer Kirche halt, die den Aposteln geweiht war. So haben wir also auch eine erste Nachricht über St. Aposteln in Köln (S. 14). Bruno wurde in der Krypta unter dem Chor von St. Pantaleon

Erkennt ihr das Westwerk wieder? Auf so einem Plan kann man die einzelnen Bauteile und ihre Verzierungen gut erkennen.

beerdigt. Auch heute noch befinden sich seine Gebeine hier in einem Sarkophag. Es ist übrigens das Grab eines Heiligen, denn als solcher wird Bruno seit dem 13. Jahrhundert verehrt. Bei Ausgrabungen haben Archäologen an St. Pantaleon mehrere interessante Funde gemacht: Sie haben herausgefunden, dass sich auf dem Hügel schon in römischer Zeit ein Gebäude befand. Die Reste der Fußbodenheizung könnt ihr euch von der Krypta aus anschauen. Vielleicht war hier schon damals ein Gottesdienstraum, der dann der älteste der Stadt wäre. Aber einen Beweis gibt es dafür nicht. Außerdem fanden die Archäologen im Westen vor der Kirche die Reste von einem kleinen Gebäude, das eine auffallend gleichmäßige Form hatte. Wie der Grundriss ausgesehen hat, könnt ihr im Pflaster vor der Kirche sehen. Man vermutet, dass es sich um eine Taufkapelle handelt, die zu der alten Kirche aus dem 9. Jahrhundert gehörte.

In diesem modernen Steinsarg ruhen die Gebeine der Theophanu. Auf der Stirnseite hat der Bildhauer die Kaiserin Theophanu und ihren Mann Otto rechts und links neben dem segnenden Jesus dargestellt.

... und für Kaiserin Theophanu

Für den Bau von Brunos Kirche wurden die alten Mauern des Vorgängerbaus aus dem 9. Jahrhundert wieder verwendet. Im Westen wurde ein sehr imposanter Bauteil gebaut, den man Westwerk nennt. In diesem Westwerk wurde sechsundzwanzig Jahre nach der Bestattung von Erzbischof Bruno eine sehr bedeutende Frau beerdigt: Sie hieß Theophanu und war eine Nichte des Kaisers von Byzanz (heute Istanbul). Mit zwölf Jahren hatte sie ihre Heimat verlassen, um den Sohn Kaiser Ottos I., den späteren Kaiser Otto II. und Neffen von Erzbischof Bruno, zu heiraten. Diese Heirat war politisch ein geschickter Schachzug, denn so wurde das byzantinische Reich im Osten mit dem Heiligen Römischen Reich im

- **3. Jh.** Bau eines römischen Gebäudes, in dem vielleicht schon christlicher Gottesdienst stattfand
- **866** Erste Nachricht über eine dem heiligen Pantaleon geweihte Kirche
- **um 964–980** Bau einer neuen Saalkirche mit Westwerk. Bestattung von Erzbischof Bruno (965)
- **991** Kaiserin Theophanu wird im Westwerk bestattet
- **12. Jh.** Anbau von Seitenschiffen
- **1503** Stiftung des Lettners
- **1619–1622** Umgestaltung der Kirche durch Christoph Wamser

Westen freundschaftlich verbunden. Nachdem ihr Ehemann, der Kaiser, gestorben war, hat Theophanu selbst regiert, da ihr Sohn Otto III. erst drei Jahre alt war. Die Kaiserin wollte sich in Köln in St. Pantaleon beerdigen lassen, weil sie zu dieser Kirche einen ganz besonderen Bezug hatte. Pantaleon, ein griechischer Heiliger, wurde in ihrer Heimat nämlich sehr verehrt.

Die Decke des Westwerks ist von dem Künstler Gerhard Kadow bemalt worden. Er hat hier die Stadt im Paradies dargestellt, genauer gesagt das Himmlische Jerusalem, wie es in der Offenbarung des Johannes in der Bibel beschrieben wird. Zählt nach: Wie viele Tore und wie viele Türme hat das Himmlische Jerusalem?

? Geht ein Stück von der Fassade des Westwerks weg und schaut sie euch genau an. Was seht ihr?
a) Zwei rechteckige Türme, die weiß angestrichen sind.
b) Einen hohen Mittelturm mit einer Krone und zwei kleine runde Türme mit grünen Dächern.
c) Einen Mittelturm, es gibt auf drei Seiten einen Vorbau mit je einem dreieckigen Giebel und zwei Türme, die oben rund sind und mit einem kegelförmigen Dach abschließen.

Immer wieder Bauarbeiten

Nun aber in die Kirche hinein. Den Rundgang startet ihr am besten im Westwerk: Man hat Steine in unterschiedlichen Farben verwendet, so dass die Pfeiler und Bögen Streifen haben. Heute ist Kaiserin Theophanu im nördlichen Abschnitt des Westwerks in einem modernen Sarkophag von dem Bildhauer Sepp Hürten bestattet. Schaut euch dann die Wände des Mittelschiffs genauer an. Fallen euch die Bögen in der Wand über den Arkadenbögen auf? Diese sind extra sichtbar gemacht, denn diese Bögen waren die Verzierungen der Kirche, die im 10. Jahrhundert für Erzbischof Bruno errichtet wurde. Seitenschiffe hatte diese Kirche damals noch nicht, sondern sie bestand nur aus einem Raum, dem heutigen Mittelschiff. Solche Kirchen nennt man Saalkirchen. Erst ungefähr hundertfünfzig Jahre später wurden die beiden Seitenschiffe angefügt und die Kirche damit zur dreischiffigen Basilika umgebaut. Rund fünfhundert Jahre vergingen, in denen am Gebäude nichts Wichtiges verändert wurde. Dann aber müssen sich die Benediktinermönche überlegt haben, ihre Kirche etwas zu modernisieren. Im 17. Jahrhundert beauftragten sie daher einen richtigen „Star-Architekten" namens Christoph Wamser. Er

konnte komplizierte Gewölbe bauen, deren Rippen wie ein Netz aussehen (man nennt sie deshalb auch Netzgewölbe). Wamser hat noch andere Kirchen mit solchen Gewölben ausgestattet, sein Meisterwerk aber ist die Kirche St. Mariä Himmelfahrt (neben dem Hauptbahnhof). Das schöne Netzgewölbe von St. Pantaleon ist im Zweiten Weltkrieg beschädigt und nicht wieder repariert worden. Dafür hat man die heutige flache Decke eingebaut, die auch bemalt wurde. Nur im Chor ist über dem prächtigen Barockaltar noch das alte Gewölbe erhalten geblieben. Auch die Fenster des Mittelschiffs mit ihren Verzierungen stammen noch von dem Umbau durch Christoph Wamser. Sie sind ebenfalls erhalten geblieben.

So sah das Gewölbe von Christoph Wamser aus. Es wäre zu teuer und aufwändig gewesen, es nach dem Zweiten Weltkrieg wieder herzustellen. Deshalb wurde die einfache Holzdecke eingezogen, die auch den „romanischen" Eindruck betonen soll. Der barocke Altar, den ihr auf dem Foto seht, ist noch erhalten. Er befindet sich heute hinter dem spätgotischen Lettner. Diesen seht ihr hier nicht, weil er in der Barockzeit abgebaut und im Westen der Kirche aufgestellt worden war.

Wie ein Gewirr von Ästen und Zweigen sieht der spätgotische Lettner aus, der das Kirchenschiff vom Chor trennt. Auch im Mittelalter befand sich vor dem Lettner ein Altar, den die Gottesdienstbesucher sehen konnten.

Der Lettner

Das wichtigste Ausstattungsstück in St. Pantaleon ist nicht zu übersehen. Es handelt sich um die große, steinerne „Absperrung" zwischen Chor und Mittelschiff mit der Orgel darauf: den Lettner. Dieser hier ist eines der Meisterstücke der Endphase der Gotik. In Auftrag gegeben hat ihn der „Chef" des Benediktinerklosters, der Abt Johannes Lünink. Man braucht etwas Zeit, um in dem Gewirr von Bögen und Ästen auch die Figuren zu entdecken: In der Mitte ganz oben steht Maria mit dem Jesuskind auf ihrem Arm. Links neben Maria seht ihr eine Figur in Ritterrüstung. Es ist der heilige Albinus, der ein englischer Märtyrer war. Seine Reliquien hat Kaiserin Theophanu der Kirche St. Pantaleon geschenkt. Auf der rechten Seite steht der heilige Pantaleon, den man an der Arzneidose, die er in der linken Hand hält, gut erkennen kann. Darunter stehen ganz außen zwei weitere Heilige: links Johannes der Evangelist mit dem Kelch (der Namenspatron des Stifters) und ganz rechts der heilige Quirinus, ein römischer Kerkermeister, der zum Christentum bekehrt worden war und als Märtyrer starb. Die beiden Figuren in der Mitte tragen Mönchsgewänder und halten eine Kerze in der Hand, unter ihren Füßen seht ihr die Köpfe von Theophanu und Bruno. Bestimmt habt ihr auch schon die beiden kunstvoll verzierten Reliquienschreine aus vergoldetem Kupferblech zu beiden Seiten des Altars vor dem Lettner entdeckt. Hier ruhen in dem linken Schrein die Gebeine eines Märtyrers namens Maurinus. Sein Grab und seine Knochen wurden beim Bau der Bruno-Kirche gefunden. In dem rechten Schrein liegen die Reliquien des heiligen Albinus.

St. Severin

Schon im römischen Köln gab es eine Christengemeinde. Der erste Bischof, dessen Namen wir kennen, hieß Maternus. Von ihm wird um 313 berichtet. Einer seiner Nachfolger war Severin, der um 400 in Köln Bischof war und als Heiliger verehrt wird.

Legenden über einen heiligen Bischof

Leider gibt es keine bewiesenen Informationen über das Leben von Bischof Severin. Erst viele Jahre nach seinem Tod sind Legenden und Geschichten über ihn aufgeschrieben worden. Der erste, der über den Kölner Bischof Severin berichtet hat, war Gregor, der Bischof der französischen Stadt Tours. Er schrieb eine Lebensgeschichte seines Vorgängers, des heiligen Martin von Tours (der mit dem Mantel, siehe S. 41). Darin steht, dass der Kölner Bischof Severin an einem Sonntag plötzlich die Engel singen hörte, die die Seele des heiligen Martin in den Himmel begleiteten. So habe er erfahren, dass sein „Kollege" in Tours gestorben ist. Ein späterer Geschichts- oder besser Geschichtenschreiber berichtet dann, dass Severin in seiner Heimatstadt Bordeaux im heutigen Frankreich begraben worden sei. Nachdem es aber drei Jahre lang in Köln und Umgebung nicht geregnet hatte und die Menschen wegen dieser schrecklichen Dürre nichts mehr zu essen hatten, kam ein Kölner Priester auf die Idee, den Leichnam des Severin wieder nach Köln zurück-

Der Westturm von St. Severin ist nicht romanisch, sondern gotisch: Die vielen Spitzbögen und der Helm mit seinem Knick verraten es.

zuholen. Eine Gruppe der Kölner reiste also nach Bordeaux und „teilte" den toten Severin mit der dortigen Bevölkerung. Die Reliquien wurden dann in einer Kirche vor der römischen Stadt Köln beerdigt.

Spannende Funde

Bei Ausgrabungen haben die Archäologen herausgefunden, dass die heutige Kirche auf einem großen Gräberfeld vor der römischen Stadtmauern liegt. Außerdem habe sie ungefähr unter der Mitte des heutigen Mittelschiffs eine kleine Totengedächtniskapelle aus römischer Zeit gefunden. Ihr könnt euch die große Ausgrabungszone und die Reste der Kapelle unter der Kirche bei einer Führung zeigen lassen. Vielleicht ist die Kapelle, die die Archäologen gefunden haben, tatsächlich die kleine Kirche, in der Severin (beziehungsweise ein Teil von ihm) bestattet wurde. Leider ist sein Grab nicht gefunden worden. Sicher ist aber, dass die Totengedächtniskapelle aus der Römerzeit die Keimzelle von St. Severin war!

Eine Szenerie aus der Severinslegende: Der Schrein mit den Gebeinen des heiligen Severin wird von Bordeaux nach Köln gebracht. Der Maler hat die Legende, die er auf zwanzig großen Holztafeln dargestellt hat, in seine Zeit (um 1500) übertragen: Im Hintergrund ist die Severinskirche zu sehen, wie sie damals aussah.

? In welcher Himmelsrichtung befand sich der Eingang in die Totengedächtniskapelle und wo ist der Haupteingang der heutigen Kirche?

Eine große neue Kirche wurde dann im 10. Jahrhundert gebaut und die Gebeine des Bischofs Severin wurden unter dem Altar (in der *confessio*) in ein Heiligengrab gelegt. Dieses Grab aus dem 10. Jahrhundert gibt es heute noch. Um es zu sehen, müsst ihr die Stufen zur Krypta hinuntergehen. Die Reliquien des heiligen Severin werden aber in dem goldenen Schrein im Chor aufbewahrt. Und nun wird es richtig spannend: Im Jahr 1999 wurde dieser Reliquienschrein geöffnet und der Inhalt von Wissenschaftlerinnen und Wissenschaftlern mehrere Jahre lang untersucht. Sie haben herausgefunden, dass die Gebeine im Schrein tatsächlich von einem Mann stammen, der im 4. Jahrhundert gelebt hat und ungefähr fünfundfünfzig Jahre alt geworden ist. Das könnte ein Beweis dafür sein,

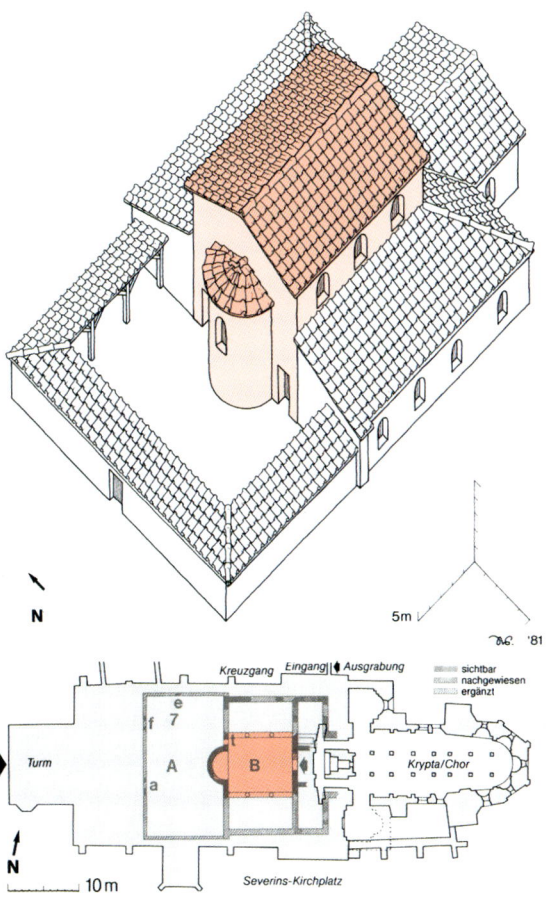

dass die Knochen wirklich von Bischof Severin sind und vielleicht an den vielen Legenden über ihn doch etwas Wahres dran ist! Gefunden wurden auch wertvolle und farbenprächtige Stoffe – und sogar die Knochen einer kleinen Maus! Doch auch wenn es sich bei den Gebeinen des Mannes in dem Schrein nicht um den heiligen Severin handeln sollte, wissen wir nun, dass diese Reliquien schon seit vielen Jahrhunderten in Köln sehr verehrt werden.

Eine kleine Kapelle (farbig markiert), die noch in römischer Zeit erweitert wurde, war die Keimzelle der heutigen Severinskirche.

Im Chor sind gleich mehrere Schätze zu sehen: In dem vergoldeten Schrein liegen die Reliquien des heiligen Severin. Das Chorgestühl ist eine kostbare Schnitzarbeit des Mittelalters und der Fußboden aus verschiedenfarbigem Marmor ist ebenfalls ganz besonders wertvoll.

Wo ist die Romanik?

Schauen wir uns aber nun erst einmal in der Kirche etwas um. Wer sich schon etwas mit den Formen der Romanik auskennt, merkt vielleicht, dass es hier gar nicht so romanisch aussieht. Das liegt daran, dass St. Severin in späteren Jahrhunderten, vor allem in gotischer Zeit, umgebaut wurde. Wer die Romanik finden will, muss also ein bisschen genauer hinsehen. Die Außenwände der heutigen Seitenschiffe stehen noch auf denen des ersten Kirchenbaus aus dem 10. Jahrhundert. Dieser war also schon genau so breit wie die heutige Kirche. Im Osten wurde ein rechteckiger Chorraum mit einer Krypta darunter errichtet, zu der das erhaltene Heiligengrab gehört. In den nun folgenden Jahrhunderten wurde der Chor zweimal umgebaut. Er wurde immer mehr nach Osten verlängert und schließlich innen mit den kleinen Nischen, den Rosettenfenstern und den Säulen dazwischen verziert. Und da wir nun schon in der Endphase der Romanik angekommen sind und die Baumeister schon mit Gewölben viele Erfahrungen gesammelt hatten, bekam der neue Chor ein prächtiges Gewölbe. Außen wurden zwei Chortürme angebaut. In diesem schönen neuen Chor wurde dann der Schrein mit den Gebeinen des heiligen Severin auf dem Hochaltar aufgestellt.

? Wie viele Stufen führen zum Chor hinauf?

Der Platz der Stiftsherren

In diesem immer wieder umgebauten und verschönerten Chor beteten und sangen die Stiftsherren von
St. Severin. Das Severinsstift war nach dem Domstift
und dem Stift an St. Gereon (S. 25) das drittwichtigs-
te der Kölner Herrenstifte. Bei den vielen Gottesdiens-
ten nahmen die Stiftsherren in den prachtvollen
Stuhlreihen (dem Chorgestühl) mit den schönen
Schnitzereien Platz. Über dem Chorgestühl und unter
den Fenstern hängen die Tafeln mit der Geschichte
der zu Beginn geschilderten Severinslegende. Zusätzlich befinden sich hier auch noch zwei Wandgemälde
an der nördlichen und südlichen Chorwand. Dargestellt sind in den runden Feldern die Himmelfahrt von
Maria und ihre Krönung als Himmelskönigin. Um den
Kreis mit dem Hauptbild sind Engelsfiguren zu sehen.
Schaut euch die Instrumente der Engel genauer an:
Ihre Blasinstrumente haben richtige Löcher, keine ge-
malten! Vermutlich sollten diese Löcher den Gesang
und die Gebete lauter klingen lassen. Also eine Art
mittelalterliche Lautsprecheranlage, wobei der Schall
aus den Instrumenten der Engel kommt. Dieser Trick
funktioniert zwar nicht wirklich – es sieht aber inter-
essant aus!

- **4. Jh. bis 8. Jh.**
  Bau einer Totengedächtniskapelle auf dem römischen
  Friedhof und Erweiterungen
  dieser Kapelle
- **948**
  Weihe des Kirchenneubaus
  mit einfachem Rechteckchor
  und Übertragung der Gebeine
  des heiligen Severin in eine
  Confessio unter dem Hochaltar (diese ist erhalten)
- **1043**
  Weihe des ersten Chorum-
  baus mit Verlängerung nach
  Osten und seitlichen Neben-
  kapellen (die Seitenwände
  und die nördliche Kapelle
  sind erhalten)
- **1237**
  Weihe des zweiten Chorum-
  baus mit weiterer Verlängerung nach Osten und zwei
  äußeren Türmen sowie
  Gewölbe (noch erhalten)

Auf diesem Wandgemälde im
Chor wird Maria zur Himmelskönigin gekrönt. Schaut euch mal
die vier Engel und besonders ihre
Instrumente genauer an!

St. Ursula

Ein Blick auf den romanischen Turm. Das Dach entstand erst in der Barockzeit: Den Abschluss bildet eine Krone mit einem Kreuz darauf. Diese Krone steht für die heilige Ursula. Die war nämlich eine Prinzessin!

Wie bei St. Gereon (S. 25) und St. Severin (S. 51) lag an der Stelle, wo heute die Kirche steht, ein römischer Friedhof. Durch Grabungen, die Archäologen unter der Kirche gemacht haben, wissen wir etwas mehr über die Vorgeschichte von St. Ursula.

Von den Römern zur heiligen Ursula

Auf dem römischen Friedhof wurde im 4. Jahrhundert eine Kirche mit drei Gräbern errichtet. Etwa hundert Jahre später gab ein Mann den Auftrag, diese zu erneuern. Er hieß Clematius und lebte im Osten des damaligen Römischen Reiches. Die Christen verehrten in der Kirche Jungfrauen, die für ihren Glauben ermordet worden waren. Fromme christliche Mädchen und Frauen hat es in der Römerzeit tatsächlich gegeben. Manche von ihnen starben als Märtyrerinnen, weil das Christentum noch verboten war. Von Clematius und den christlichen Märtyrer-Jungfrauen wissen wir durch eine lateinische Inschrift auf einem Stein, der im Chor der heutigen Kirche eingemauert ist. Diese Kirche wurde dann im frühen Mittelalter mehrmals erweitert und umgebaut. Außerdem wurde hier ein sehr vornehmes und bedeutendes Stift für adelige Frauen gegründet. Im Jahr 1106 passierte dann aber Folgendes: Das Viertel um die Kirche, das vor der römischen Stadtmauer lag, sollte durch eine Befestigung geschützt werden. Bei ihrem Bau wurden unzählige Gräber und Knochen gefunden. Klar, schließlich waren hier ja in der Römerzeit Menschen beerdigt worden! Als der römische Grabstein eines achtjährigen Mädchens namens Ursula gefunden wurde, war der Name für die Anführerin der ermordeten Jungfrauen endlich bewiesen – und die Stiftsdamen hatten einen großartigen Reliquienschatz. Die alte Kirche war nun natürlich nicht mehr schön genug. Die Stiftsdamen ließen sich im 12. Jahrhundert eine neue bauen. Das ist die heute noch erhaltene Kirche, die im Laufe der Jahrhunderte immer mehr verschönert wurde.

Die romanische Kirche wurde immer weiter verschönert. In gotischer Zeit wurde etwa ein neuer Chor mit großen Spitzbogenfenstern und Maßwerk angebaut.

Die Legende von der heiligen Ursula

Wie die Kirche so wurde im Laufe der Jahrhunderte auch die Legende von Ursula immer weiter ausgeschmückt und jedes Mal ein bisschen verändert. Da immer mehr Knochen und immer mehr Grabsteine (auch von Männern!) gefunden wurden, musste die Geschichte ständig angepasst werden. Die ausführlichste Legende der heiligen Ursula könnt ihr euch auf den hölzernen Tafeln des sogenannten Ursulazyklus im Chor anschauen. In dreißig Szenen wird die ganze Geschichte erzählt. Los geht's auf der linken (nördlichen) Seite mit dem Gebet des englischen Königs Maurus und seiner Frau, die sich ein Kind wünschen (1). Dann wird die kleine Prinzessin Ursula geboren (2), getauft (3) und am Altar geweiht (4). Das nächste Bild zeigt den Vater des Prinzen Ätherius. Er berät sich mit seinen Freunden darüber, dass sein Sohn die Ursula heiraten soll (5). Also wird eine Gesandtschaft zum Vater der Ursula, König Maurus, geschickt (6). Er empfängt sie (7), und die Gesandten

- **4.–5. Jh.**
  Errichtung einer Kirche mit drei Gräbern im Inneren auf dem römischen Friedhof und Umbau dieser Kirche durch einen Mann namens Clematius
- **1106 bis vermutlich 1135**
  Fund von Knochen und Gräbern bei dem Bau einer neuen Stadtbefestigung, anschließend Bau einer neuen Kirche
- **13.–14. Jh.**
  Verschiedene Umbauten und Verschönerungen der Kirche, zum Beispiel Bau des gotischen Chores
- **1456**
  Entstehung der Gemälde des Ursulazyklus
- **1643** Bau der Goldenen Kammer

Ursula und ihre Jungfrauen werden in Köln vom Bischof empfangen. Die heilige Ursula ist übrigens auch Kölner Stadtpatronin. Die elf Flammen im heutigen Kölner Stadtwappen sind das Symbol für sie und ihre elftausend Begleiterinnen.

richten die Botschaft aus (8). Da Ätherius aber kein Christ ist und Ursula eigentlich nie heiraten wollte, betet sie und bittet Gott um Rat (9): Ein Engel erscheint und sagt der Ursula: „Heirate Ätherius nicht sofort, sondern in drei Jahren. In dieser Zeit soll er Christ werden. Du machst in der Zwischenzeit mit einem Schiff eine Pilgerfahrt nach Rom. Nimm eine Schar von elftausend Jungfrauen mit!" Am nächsten Tag erzählt Ursula ihren Eltern von der Botschaft des Engels (10). Dann nehmen die Gesandten Abschied (11) und überbringen dem Vater des Ätherius die Nachricht von Ursulas Plan (12). Die elftausend Jungfrauen kommen an (13). Nachdem Ursula und ihr Vater Zimmerleute, die Schiffe bauen können, besucht haben (14), unternehmen alle erst einmal eine Übungsfahrt (15). Anschließend nimmt Ursula mit den Jungfrauen Abschied von ihren Eltern (16). Ein heftiger Wind treibt aber das Boot mit den Pilgerinnen von der Nordsee in den Rhein und sie kommen in der holländischen Stadt Tiel an (17). Dann fährt das Boot flussaufwärts weiter und Ursula erreicht mit ihren Gefährtinnen die Stadt Köln (18). Erneut erscheint ihr im Traum ein Engel. Dieser hat aber nun eine sehr erschreckende Nachricht: „Gott wünscht, dass du auf der Rückkehr von Rom wieder nach Köln kommst, um hier als Märtyrerin zu sterben!"

? Woran könnt ihr erkennen, dass es sich bei der auf der Tafel gezeigten Stadt um Köln handelt?

Doch Ursula hat keine Angst vor dem Tod und die Bootsfahrt Richtung Süden geht weiter: Die Mädchen gelangen nach Basel und werden vom dortigen Bischof empfangen (19). Dann gehen sie zu Fuß weiter über die Alpen und erreichen endlich Rom, wo sie der Papst begrüßt (20). In Rom werden die Jungfrauen getauft (21) und reisen dann mit Ursula wieder nach Basel zurück, der Papst begleitet sie (22). Das nächste Bild zeigt den Prinzen Ätherius: Er bittet seinen Vater, der Ursula entgegenreisen zu dürfen (23). In der Zwischenzeit nehmen die Jungfrauen, Ursula und der Papst Abschied von Basel (24). Ätherius reist der Ursula entgegen, kommt nach Mainz und wird dort vom Bischof empfangen (25). Schließlich kommen auch Ursula, ihre Jungfrauen und der Papst in Mainz an und werden von Ätherius begrüßt (26). In Mainz wird Ätherius getauft (27). Anschließend verlassen alle zusammen die Stadt und fahren nach Köln (28). Bei ihrer Rückkehr finden sie die Stadt im Belagerungszustand: Die Hunnen, ein kriegerisches Reitervolk aus Asien, haben ihre Zelte aufgeschlagen und lassen niemanden aus der Stadt hinaus oder nach Köln hinein. Der Hunnenkönig Attila verliebt sich sofort in die schöne Ursula. Da sie ihn aber nicht heiraten will, wird er sehr böse und die ganze Pilgerschar wird vor den Toren der Stadt von den Hunnen grausam ermordet (29 und 30).

Die weiblichen Figuren auf der Empore wenden ihr sanftes Lächeln zum Mittelschiff und zur Empore und haben die Hände zum frommen Gebet geschlossen. In ihrem Inneren befinden sich Reliquien.

Die Goldene Kammer

Vielleicht sind euch auf den Emporen schon die farbig angemalten Köpfe aufgefallen. Das sind Reliquienbehälter! Die Köpfe auf den Emporen haben sogar zwei Gesichter: Eines

Die Goldene Kammer beherbergt nicht nur schöne Ursulabüsten, sondern auch ganz besonderen Knochen-Schmuck!

schaut nach unten in das Kirchenschiff und das andere auf die Empore. Mehr von diesen Reliquienbehältern befinden sich in der sogenannten Goldenen Kammer. Diese wurde im 17. Jahrhundert an das südliche Seitenschiff angebaut. Die vielen weiblichen Köpfe, die euch hier anlächeln, nennt man „Ursulabüsten" (eine Büste ist eine Figur, die aus Kopf und Brust besteht). Sie werden in den Glasschränken mit den goldenen Verzierungen aufbewahrt. Da mit der Ursula und ihren Jungfrauen auch männliche Märtyrer gestorben sind, sind auch eine Reihe Männerköpfe darunter. Diese kunstvoll gearbeiteten Holzfiguren, in denen ein Schädelknochen und in dem Hohlraum unter dem Kopf noch ein weiteres Knochenstück Platz haben, waren in Köln ein richtiger Verkaufsschlager. Reliquien durften zwar nicht verkauft werden, aber die kostbaren Behälter mit Reliquien darin natürlich schon! Wenn ihr euch nun die Wände über den Glasschränken anschaut, merkt ihr, dass ihr selber in einem großen Reliquienbehälter seid. Denn hier sind die Mauern voller Gebeine, auch Knochen von Kindern sind dabei! Es wurden richtige Ornamente und Muster gelegt. Heute mag das manchen Menschen nicht besonders fromm vorkommen. Dabei zeigt dieser sehr aufwändige (und liebevolle) Knochen-Schmuck, wie sehr die Reliquien verehrt wurden. Hier ist eine richtige Schatzkammer entstanden, in der die Reliquien hoffentlich noch viele weitere Jahrhunderte bewahrt werden!

Kleines ABC der Romanik und der benutzten Fachwörter

Alle Begriffe des ABC mit einem Pfeil davor kannst du ebenfalls hier erklärt finden.

Abt/Äbtissin
Vorsteher oder Vorsteherin eines →Klosters oder →Stiftes.

Apsis
(griechisch: Rundung, Bogen), halbrunder Anbau an einen Raum, zum Beispiel an den →Chor einer Kirche.

Archäologin/Archäologe
Wissenschaftlerin oder Wissenschaftler, die/der sich besonders mit der Geschichte des Altertums (also zum Beispiel mit den Griechen und Römern) beschäftigt und durch Grabungen unter der Erde viel herausfinden kann.

Arkade
(lateinisch: arcus = Bogen), auf Stützen (→Pfeiler oder →Säulen) ruhender Bogen oder eine Reihe solcher Bögen.

Barock
(vielleicht von portugiesisch: barocco = unregelmäßig geformte Perle), bedeutete zuerst „seltsam", „wunderlich", dann für die Kunst der Zeit um 1600 bis ungefähr 1750 benutzt. Besonders beliebt waren im Barock Kuppeln, reich verzierte Säulen, verschiedene Muschelformen, farbiger Marmor (manchmal auch künstlich hergestellt) und Goldverzierungen.

Basilika
(griechisch: basilike stoa = Königshalle), eine besondere Bauform, die die Römer für große Gebäude von den Griechen übernahmen und die die Christen dann für ihre Kirchen benutzten. Bei der Basilika ist das Mittelschiff höher als die Seitenschiffe und hat eigene Fenster über den Dächern der Seitenschiffe.

Blendtriforium
→Triforium über den Seitenschiffarkaden ohne einen Laufgang dahinter.

Chor
(griechisch: choros = Reigentanz. Ein aus dem antiken Theater übernommenes Wort), bezeichnet bei den Kirchen den Raum vor dem Hochaltar, in dem die Mönche und Geistlichen während des Gottesdienstes singen und beten. Der Chor kann verschiedene Formen haben (zum Beispiel rechteckig oder mehreckig sein). Bei den romanischen Kirchen schließt sich an ihn häufig eine →Apsis an. Bei den mittelalterlichen Kirchen liegt der Chor normalerweise im Osten, manchmal gibt es zusätzlich einen Chor im Westen.

Confessio
(lateinisch: Bekenntnis), eine Vorkammer eines Grabes von Märtyrern oder Heiligen unter dem Altar. Die Gläubigen können nahe an das Grab herankommen oder Gegenstände mit dem Grab in Berührung bringen. Manchmal ist auch die Grabkammer selbst so bezeichnet (zum Beispiel St. Gereon oder St. Severin).

Dominikanermönche
Der Orden wurde von dem heiligen Dominikus (er lebte von 1170 bis 1221) gegründet. Die Dominikanermönche widmeten sich schon im Mittelalter der Wissenschaft und verkündeten (predigten) die christliche Lehre.

Empore
Einbau im Inneren eines Gebäudes (zum Beispiel einer Kirche), der zum Inneren geöffnet ist.

Franken
(„die Freien" oder „die Kühnen"), Germanenstämme, die aus dem Rheinland stammten und sich miteinander verbündeten. Nach dem Ende der römischen Herrschaft konnten sie durch Eroberungen ein mächtiges Königreich aufbauen. Zu diesem gehörten zum Beispiel weite Teile des westlichen Deutschlands und Frankreichs.

Gewölbe
Gebogener (gewölbter) Abschluss eines Raumes, etwa

einer Kirche. Es gibt verschiedene Gewölbeformen (in der frühen Romanik zum Beispiel in Form einer langen Tonne: Tonnengewölbe; am Ende der Romanik auch →Kreuzrippengewölbe).

Gotik

(italienisch: von den Goten, auch „barbarisch"), wurde vor etwa vierhundertfünfzig Jahren von den italienischen Künstlern für die mittelalterliche Kunst nördlich der Alpen benutzt, dann für die in Frankreich um ca. 1150 entstandene Kunst, in der zum Beispiel Spitzbogengewölbe, →Spitzbogenfenster und →Maßwerk beliebt waren. In Deutschland dauerte die Gotik ungefähr von 1250 bis 1500.

Grundriss

Zeichnung von einem Schnitt durch die Mauern eines Gebäudes (oder Gebäudeteils) in ein Meter Höhe.

Jh.

Abkürzung für Jahrhundert. Die Zählung funktioniert so: 1. Jahrhundert = 0-99, 2. Jahrhundert 100-199 usw. Die Romanik (1000-1250) ist also die Kunst des 11. bis zur Mitte des 13. Jahrhunderts.

Kapitell

(lateinisch: capitulum = Köpfchen), Kopfstück von einer Stütze (einem →Pfeiler oder einer →Säule). In der Romanik waren Kapitelle in Würfelform beliebt (Würfelkapitelle).

Kloster

(lateinisch: claustrum = verschlossener Ort), abgeschlossene Anlage von Gebäuden für Nonnen und Mönche. Zum Kloster gehören zum Beispiel eine Klosterkirche, ein →Kreuzgang sowie Schlaf- und Essräume für die Nonnen und Mönche.

Kreuzgang

Überdachter Gang um einen rechteckigen Innenhof oder kleinen Garten, meistens mit einem Brunnen in der Mitte. Er ist wichtiger Bestandteil eines →Klosters oder →Stifts und mit der Kirche und anderen wichtigen Gebäuden verbunden. Im Kreuzgang können sich die Mönche und Nonnen zum Beten und Lesen zurückziehen. Häufig wurden hier auch Mitglieder des Klosters oder Stifts bestattet.

Kreuzrippengewölbe

Bestimmte Form eines →Gewölbes: Es ist kreuzförmig aufgebaut und wird durch ein gemauertes und sichtbares Rippenkreuz gehalten.

Krypta

(griechisch: überdeckter Gang), gewölbter Raum unter dem Chor einer Kirche. Ursprünglich gebaut als Grab- oder Reliquienkapelle, über der dann der Altar errichtet wurde.

Lettner

(lateinisch: lectorium = Lesepult), Abtrennung bei Stifts- und Klosterkirchen zwischen dem →Chor der Geistlichen und Mönche/Stiftsherren und dem Raum für die Nicht-Geistlichen (Laien), von der das Evangelium vorgelesen wurde. Besonders in der →Gotik und der →Renaissance wurden Lettner reich und aufwändig verziert. Vor dem Lettner stand der Altar für die „normalen" Gläubigen (die Laien).

Maßwerk

(„gemessenes Werk"), durch Abmessung und Zeichnung konstruierter Bauschmuck aus Kreisen und Bögen, zum Beispiel zur Verzierung des oberen Teils von →Spitzbogenfenstern. Wird erstmals in der →Gotik verwendet.

Mittelschiff

Mittlerer Teil einer Kirche mit mehreren →Schiffen. Wird durch Stützen von den →Seitenschiffen abgeteilt und kann höher als die Seitenschiffe sein (→Basilika).

Pfeiler

Senkrechte Stütze mit eckigem →Grundriss.

Querhaus/Querschiff

Quer zum Kirchenschiff gebaute, seitliche Erweiterung der Kirche. Wo sich Kirchenschiff und Querschiff treffen, entsteht eine →Vierung. In der Romanik gibt es auch Querhäuser im Westen (Westquerhaus).

Reliquien

Sterbliche Überreste (zum Beispiel Gebeine) von Heiligen oder Gegenstände von Heiligen.

Renaissance

(französisch: „Wiedergeburt"), Begriff für die in Italien um 1400 entstandene Kunst, die die antike Kunst der Griechen und Römer wieder entdeckte. In Deutschland dauerte die Renaissance von etwa 1500 bis 1600.

Rippen

Rippenartige tragende Teile eines →Gewölbes.

Rundbogenfenster

Fenster mit einem halbrunden Bogen als oberen Abschluss.

Säule

Senkrechte Stütze mit rundem →Grundriss. Sie hat in der Mitte eine Art Schwellung oder „Bauch".

Schiff

In der Architektur die Bezeichnung für einen Innenraum von lang gestreckten Gebäuden, zum Beispiel für Kirchen. Es gibt einschiffige und mehrschiffige Kirchen. Bei mehrschiffigen Kirchen trennt man in →Mittelschiff und →Seitenschiffe.

Seitenschiff

Seitlich zum →Mittelschiff angebaute →Schiffe. Werden durch Stützen vom Mittelschiff abgeteilt und können niedriger als das Mittelschiff sein.

Spitzbogenfenster

Fenster mit einem Bogen mit einer Spitze als Abschluss.

Stift

Gemeinschaft von christlichen Männern oder Frauen. Im Unterschied zum →Kloster hatten sie das Recht auf eigenem Besitz, durften die Anlage des Stifts verlassen und wohnten in Häusern in der Nähe der Stiftskirche.

Triforium

(lateinisch: tres = drei; foris = Tür, Öffnung), Gang über den →Arkaden des →Mittelschiffs auf der Höhe der Dächer des Seitenschiffs. Bei den romanischen Kirchen meistens mit drei →Rundbogenarkaden auf →Säulen, bei den gotischen Kirchen ist das Triforium häufig sogar mit Fenstern ausgestattet.

Vierung

Viereckiger Bereich in der Mitte der Kirche, der an der Stelle entsteht, wo sich →Mittelschiff und →Querschiff treffen. Die vier →Pfeiler um die Vierung heißen Vierungspfeiler.

Vorhalle

Vorbau vor einem Eingang zu einem Gebäude, zum Beispiel zu einer Kirche.

Westbau/Westwerk

Im Westen an die Kirche angefügter, großer Bau mit besonderer Gestaltung. Meistens mit einem Mittelturm und zwei Seitentürmen. Im Inneren gibt es →Emporen und häufig einen Platz, von dem die Herrscherfamilie den Gottesdienst verfolgen kann.

Würfelkapitell

→Kapitell in der Form eines Würfels.

Zwerggalerie

Kleine Galerie mit →Arkaden auf zierlichen →Säulen oder →Pfeilern, meistens unterhalb des Daches an der →Apsis. Zur Verzierung gedacht, manchmal aber auch begehbar. Kommt bei den romanischen Kirchen in Köln und Umgebung sehr häufig vor.

Wer häddet jewoß? Und mehr!

S. 5 Im 21. Jahrhundert.

S. 9 a) St. Maria Lyskirchen, b) St. Kunibert, c) Groß St. Martin, d) St. Cäcilien, e) St. Ursula, f) St. Andreas, g), St. Gereon, h) St. Maria im Kapitol, i) St. Pantaleon, j) St. Aposteln, k) St. Severin, l) St. Georg.

S. 11 Am Kapitell des östlichsten Pfeilers des nördlichen Seitenschiffs, der an den Vierungspfeiler angebaut ist.

S. 14 Es gibt viele Unterschieden: Bei St. Aposteln sind viel mehr Verzierungen vorhanden, zum Beispiel die Zwerggalerie am Chor. Gemeinsam ist aber bei beiden Chorbauten die Form des Kleeblattes, wobei bei St. Maria im Kapitol die rechteckigen Kapellen an den Kleeblatt-chor angebaut wurden, diese fehlen bei St. Aposteln.

S. 19 Früher gab es andere Dächer, die auch ganz unter-schiedliche Formen hatten.

S. 24 Es gibt einige Unterschiede: So ist das Gabelkruzifix farbig und alles sieht viel echter aus. Hier sollten die Leiden und Wundmale des menschlichen Jesus mög-lichst gut erkennbar sein. Das sehr viel ältere Georgs-kruzifix aber zeigt einen Christus, dem das Leiden nichts auszumachen scheint.

S. 26 Helena war also schon gestorben, als die Funda-mente für den Bau gelegt wurden.

S. 28 Weil es hier einen Friedhof gab.

S. 31 c)

S. 34 Weil sie auf dem Kapitolstempel gebaut wurde.

S. 36 Links oben über dem Medaillon (Rundbild).

S. 37 b)

S. 38 26. Februar 1784

S. 42 Der heilige Martin teilt seinen Mantel mit dem Bettler.

S. 48 c)

S. 48 Zwölf.

S. 52 Der Eingang in die Totengedächtniskapelle befand sich im Osten, der heutige Haupteingang liegt im Westen.

S. 54 Acht.

S. 58 Drei Stadtwappen mit den drei Kronen sind am Stadttor zu erkennen. Auf der anderen Rheinseite sieht man Deutz (die beiden Kirchen sind die alte Benedikti-nerklosterkirche St. Heribert, wie sie im Mittelalter aus-sah, und die Pfarrkirche St. Urban).

Sicherlich habt ihr noch viele Fragen, die in diesem Buch nicht beantwortet wurden. Wer mehr wissen will, kann zum Beispiel auf der Internetseite des FÖRDERVEREINS ROMANISCHE KIRCHEN KÖLN E.V. noch eine Menge nach-lesen (www.romanische-kirchen-koeln.de). Dort gibt es auch Informationen zu den Öffnungszeiten der Kirchen und zu Führungen des Fördervereins. Führungen in den romanischen Kirchen für Kinder bieten nach rechtzeiti-ger vorheriger Terminabsprache zum Beispiel auch an:

INSIDE COLOGNE GmbH Tel. 0221/52 19 77
DOMFORUM Tel. 0221/92 58 47 30
KÖLN TOURISMUS GmbH Tel. 0221/221-23 32